이은경쌤의

초등영어회화
★ 일력 ★
365

교육부 지정 초등 필수 영단어 완전정복

포레스트북스

저자 소개

이은경 Lee Eun Kyung

15년간 초등 아이들을 가르쳤던 교사이자 중등, 초등인 두 아들을 키우는 엄마로서 20년 가까이 쌓아온 교육 정보와 경험을 나누기 위해 글을 쓰고 강연을 한다. 초등공부, 학교생활, 영어습관, 부모성장을 주제로 한 영상, 오디오 강의를 매일 한 편씩 채널에 공유해온 지 2년이 넘었다. 이렇게 쌓인 강의만 800여 편이 넘었고, '슬기로운초등생활' 이름의 4개 채널은 14만 명 이상이 믿고 보는 초등교육 대표 콘텐츠로 자리매김했다. 지은 책으로 《초등 완성 매일 영어책 읽기 습관》《초등 매일 글쓰기의 힘》《초등 자기주도 공부법》《초등 매일 공부의 힘》 등 20권이 있다.

이규현 Lee Gyu Hyeon

만 13세. 중학교 1학년. 영어를 들이대는 엄마 때문에 영어를 싫어했다. 학원도 싫고 학습지도 싫어 미루고 미루다 초등 2학년 때 간신히 파닉스를 떼는 것으로 영어를 시작했다. 학원 대신 매일 영어로 책을 읽고, 영어 영상을 보는 루틴 덕분에 영어 소설을 원서로 읽게 되었고 토익 900점을 넘기기도 했다. 이 책에서는 초등학생 후배들이 지루해하지 않고 재미있게 익힐 수 있는 오늘의 영어 문장을 선별하는 작업을 도맡았다.

Do your best!

프롤로그

하루 10분,
아이와 영어로 대화해요

시대가 빠르게 변하고 있고, 그 변화를 초등 교육의 현장에서 생생하게 실감하는 요즘입니다. 요즘 아이들에게 영어는 이제 수능점수를 위한 공부가 아닌 인생의 무기가 되었습니다. 영어라는 놈은 가지기는 어렵지만, 가지기만 한다면 언제든 꺼내쓸 수 있는 제법 쓸 만한 무기입니다. 그래서 초등 엄마들의 마음이 너무 급해졌습니다. 하지만 다행히도 언어는 천재의 영역이 아니랍니다. 습관과 습득과 노출이 전부입니다. 이것들 없이는 길고 지루한 영어 레이스를 무사히 마치기 어렵습니다.

그래서 영어를 시작하는 초등 아이를 위한 즐거운 영어 대화를 준비했습니다. 문제집 속 지루하고 평범한 문장이 아니라 눈길을 끌 만한 흥미로운 문장을 고르기 위해 저(이은경)와 열네 살 아들(이규현)이 머리를 맞대었습니다. 저희 둘은 매일 영어로 아무 말을 주고받으며 낄낄대는 게 일상이거든요. 그 덕분에 어디서든 거침없이 영어로 할 말은 하는 사람들이 되었습니다.

이은경쌤의 초등영어회화 일력 365

초판 1쇄 발행 2021년 10월 22일
초판 13쇄 발행 2024년 5월 11일

지은이 이은경 이규현
펴낸이 김선준

편집이사 서선행(sun@forestbooks.co.kr)
편집2팀 배윤주, 유채원 **디자인** 엄재선
마케팅팀 권두리, 이진규, 신동빈
홍보팀 조아란, 장태수, 이은정, 권희, 유준상, 박미정, 박지훈
경영지원 송현주, 권송이
외주디자인 이미주 **일러스트** SINANA

펴낸곳 ㈜콘텐츠그룹 포레스트 **출판 등록** 2021년 4월 16일 제2021-000079호
주소 서울 영등포구 여의대로 108 파크원타워1, 28층
전화 02) 332-5855 **팩스** 070) 4170-4865
홈페이지 www.forestbooks.co.kr
종이 ㈜월드페이퍼 **인쇄·제본** 한영문화사

ISBN 979-11-91347-47-0 (12590)

- 책값은 뒤표지에 있습니다.
- 파본은 구입하신 서점에서 교환해드립니다.
- 이 책은 저작권법에 의하여 보호를 받는 저작물이므로 무단 전재와 복제를 금합니다.

> ㈜콘텐츠그룹 포레스트는 독자 여러분의 책에 관한 아이디어와 원고 투고를 기다리고 있습니다.
> 책 출간을 원하시는 분은 이메일 writer@forestbooks.co.kr로 간단한 개요와 취지, 연락처 등을
> 보내주세요. '독자의 꿈이 이뤄지는 숲, 포레스트'에서 작가의 꿈을 이루세요.

아이 혼자 외우고 평가받는 숙제가 아닌, 가족이 함께 대화를 주고받으며 외울 수 있는 문장들로 일 년을 채웠습니다. 초등 시기에 반드시 알아야 할 기본적이고 기초적인 단어와 문장으로 구성했기 때문에 영어로 된 영상을 보고 영어책을 읽는 아이라면 이 책의 단어와 문장들이 친근하게 다가올 거예요.

 아이의 영어 때문에 고민인 엄마, 영어 실력에 자신 없어서 시작하지 못했던 엄마, 영어 공부를 해야겠다고 결심한 적 있었던 엄마라면 올 한 해는 아이와 매일 한 문장씩 말해보고, 외워보고, 주고받으면서 아이와 함께 성장하시길 권합니다. 영어를 힘겨워하던 아이가 가족과 함께 하루 10분으로 즐겁게 영어를 배울 수 있게 도와주세요.

엄마 이은경, 아들 이규현 드림

December **31** 31st

I like you, too.
나도 네가 좋아.

At last! 드디어 마음을 정했어요. 빌리와 특별한 사이가 된다면 남은 학교생활도 즐거울 것 같다는 확신이 들었거든요. 언제나 빌리 옆에서 든든한 친구가 되어주려고 해요. 빌리에게 답을 주기로 약속한 오늘, 마음을 담아 문자를 보냈어요. 빌리는 곧장 "고마워"라는 답을 주었답니다. 우리 오늘부터 1일이야!

오늘의 단어
- **too** [부사] …도 (또한)

오늘의 응용 표현
I love you, too!
나도 널 사랑해!

1 January

December **30** 30th

그동안 배웠던 문장 중 하나를 골라 가볍게 대화해볼까요?
(꼭 아래 문장이 아니어도 좋습니다.)

Hanna

What kind of man is Billy?

빌리는 어떤 사람이야?

Sally

Billy is a good man.

빌리는 좋은 사람이야.

January   1   **1st**

At last!
드디어!

안녕하세요. 저는 샐리예요. 노는 걸 가장 좋아하는 초등학생이고요, 엄마, 아빠, 오빠와 함께 살아요. 드디어 새해가 시작되었네요. 올해는 또 어떤 즐거운 일들이 우리를 기다릴까요? 두근두근 기대돼요.

오늘의 단어
- **at** [전치사] …에(서)
- **last** [형용사] 맨 마지막의, 끝의

오늘의 응용 표현

At last, I got my room!
드디어, 내 방이 생겼어!

December  29th

 오늘은 그동안 배운 문장을 가족과 함께 복습해볼게요.

* **I wish you a merry Christmas.**
  즐거운 성탄절 되세요!

  I wish you a **merry** Christmas and a happy New Year!
  즐거운 성탄절과 행복한 새해 맞으세요!

---

* **I'll be with my friends.** 친구들과 함께 보낼 거예요.

  I saw it **with** my own eyes! 내 두 눈으로 봤다고!

---

* **I'm into you.** 너에게 빠져 있어.

  He slid **into** bed. 그는 미끄러지듯 침대 안으로 들어갔다.

---

* **Billy is a good man.** 빌리는 좋은 사람이에요.

  Ryon is not a good **man**. 라이언은 별로야.

---

* **This year has gone by so quickly.**
  올해가 엄청 빨리 지나간 것 같아.

  Time **has gone by** so quickly. 시간이 정말 빨리 지나갔군.

January  **2nd**

Doing okay?
잘돼가요?

오늘은 친구들을 만났어요. 안부 인사와 함께 새해를 맞아 계획한 일들을 잘 지키고 있는지 물었죠. 올해는 공부와 운동을 열심히 하겠다고 했거든요. 친구들 모두 노력하고 있대요. 대단하죠? 여러분은 어떤가요?

오늘의 단어
- **do** [동사] (어떤 동작이나 행위를) 하다
- **okay** [형용사, 부사] (몸과 마음의 건강 상태가) 괜찮은 (=OK)

오늘의 응용 표현

Okay, that sounds great.
알았어요, 그게 좋겠네요.

December **28** **28th**

This year has gone by so quickly.

올해가 엄청 빨리 지나간 것 같아.

이제 두 밤만 자면 올해가 끝나요. 예전에는 시간이 굉장히 천천히, 더디게 흐른다고 생각했었는데 올 한 해는 유난히 빨리 지나간 것 같아요. 내일이면 빌리에게 답을 해야 하는 날이에요. 그래서 더욱 시간이 빠른 것처럼 느껴지는 걸까요?

오늘의 단어
- **go by** [동사] 지나가다

오늘의 응용 표현

Time has gone by so quickly.
시간이 정말 빨리 지나갔군.

January   **3**   **3rd**

Don't push me!
강요하지 마요!

가족과 외식하는 즐거운 날, 우리는 햄버거를 먹으러 갔어요. 저는 치즈버거를 먹고 싶었는데, 아빠가 자꾸 저보고 불고기버거를 먹으래요. 치즈버거의 칼로리가 높아 살찐다나요. 흥! 강요하지 마세요! 나는 내 사랑 치즈버거를 먹을 거라고요!

오늘의 단어
- **don't** [동사] do not의 줄임말, 하지 않다
- **push** [동사] 억지로 밀다

오늘의 응용 표현

Don't doze off!
졸지 마세요!

December **27** **27th**

Billy is a good man.
빌리는 좋은 사람이에요.

빌리는 좋은 점이 많은 친구예요. 생각해보면 우리는 공통점이 많아요. 그리고 빌리는 제가 도움이 필요할 땐 언제나 제일 먼저 달려왔어요. 제가 하는 재미없는 말에도 크게 웃어줬고요. 가끔 짓궂은 장난을 칠 때도 있지만요. 아아, 내 마음, 저도 잘 모르겠어요.

오늘의 단어
- **man** [명사] 사람들, 인류, 남자

오늘의 응용 표현

Ryon is not a good man.
라이언은 별로야.

January  **4th**

Good luck!
잘되길 바라요!

오빠가 축구 대회에 나가는 날이에요. 매일 열심히 연습한 오빠에게 행운이 가득하길 바라는 마음을 담아 응원을 해 줄 거예요. 오빠가 오늘 경기에서 이기면 떡볶이를 먹기로 했거든요. 물론 나는 떡볶이가 아니라도 오빠가 잘되길 진심으로 바라는 착한 동생이지만요. 흐흐.

오늘의 단어
- **good** [형용사] 즐거운, 기쁜, 좋은, 다행스러운
- **luck** [명사] 좋은 운, 행운

오늘의 응용 표현

This painting is very good.
이 그림 정말 좋다.

December  26th

I'm into you.
너에게 빠져 있어.

울적한 마음으로 하루 종일 집에 있는데 빌리에게 문자가 왔어요. "나, 너를 좋아해." 으응? 이게 무슨 말이죠? 빌리는 언제나 내게 장난만 쳤는데 나를 좋아한대요. 그럼 이제까지 자꾸만 제 곁에 있었던 이유가? 너무 놀라 빌리의 문자를 열 번이나 읽었어요. 그런데 왜 기분이 조금씩 좋아지는 걸까요?

 오늘의 단어
- into [전치사] …안(속)으로(에)

 **오늘의 응용 표현**
He slid into bed.
그는 미끄러지듯 침대 안으로 들어갔다.

January   **5**   **5th**

Forget it.
그냥 잊어버려요.

오늘 반장 선거를 했어요. 저는 정말이지 반장이 꼭 되고 싶었어요. 작년부터 줄곧 반장을 노리고 있었거든요. 당연히 열심히 준비했죠. 예쁜 옷도 입고 갔어요. 하지만 결과는 대실망! 흑흑. 실망해서 엎드려 있는데, 제니가 다가와 툭 치며 싱긋 웃어주네요.

오늘의 단어
- **forget** [동사] (과거의 일·전에 알고 있던 것을) 잊다
- **it** [대명사] 그것

오늘의 응용 표현

Don't forget your change!
잊지 말고 거스름돈을 챙기세요!

December  25th

I'll be with my friends

친구들과 함께 보낼 거예요.

 기다리던 크리스마스 아침이에요. 눈이 번쩍 떠진 저는 벌떡 일어나 약속 장소로 갔어요. 우리는 함께 모여 맛있는 케이크를 먹고 눈싸움을 했어요. "라이언, 할 말이라는 게 뭐야?" "샐리, 나 얼마 전부터 제니를 좋아하고 있었어. 오늘부터 우리 사귀기로 했어." 제니? 내가 아니고 제니라고? 벌게진 얼굴로 터덜터덜 집으로 돌아왔어요.

 • **with** [전치사] …와 함께

I saw it with my own eyes!
내 두 눈으로 봤다고!

January  6th

 오늘은 그동안 배운 문장을 가족과 함께 복습해볼게요.

* **At last!** 드디어!
  At last, I got my room! 드디어, 내 방이 생겼어!

---

* **Doing okay?** 잘돼가요?
  Okay, that sounds great. 알았어요, 그게 좋겠네요.

---

* **Don't push me!** 강요하지 마요!
  Don't doze off! 졸지 마세요!

---

* **Good luck!** 잘되길 바라요!
  This painting is very **good**. 이 그림 정말 좋다.

---

* **Forget it.** 그냥 잊어버려요.
  Don't **forget** your change! 잊지 말고 거스름돈을 챙기세요!

December **24** 24th

I wish you a merry Christmas.

즐거운 성탄절 되세요!

크리스마스이브에는 행복한 마음으로 주변에 성탄 인사를 보내요. 크리스마스가 다가오면 늘 설레는데 올해는 더욱 특별할 것 같아요. 라이언이 제게 꼭 할 말이 있다고 했거든요!

오늘의 단어
- **merry** [형용사] 즐거운, 명랑한

오늘의 응용 표현
I wish you a merry Christmas and a happy New Year!
즐거운 성탄절과 행복한 새해 맞으세요!

January  **7th**

 그동안 배웠던 문장 중 하나를 골라 가볍게 대화해볼까요?
(꼭 아래 문장이 아니어도 좋습니다.)

Daddy

You'd better eat a bulgogi burger.

너, 불고기버거를 먹는 게 좋겠어.

Sally

Don't push me! I will eat a cheeseburger.

강요하지 마세요!
저는 치즈버거를 먹을 거라고요.

December 23   23rd

 그동안 배웠던 문장 중 하나를 골라 가볍게 대화해볼까요?
(꼭 아래 문장이 아니어도 좋습니다.)

Sally

How many people are there in your family?

가족이 몇 명이야?

Billy

There are seven people in my family.

우리 가족은 일곱 명이야.

January   **8**   **8th**

Going up?
올라가세요?

친구와 학원에 가는 길이에요. 우리 학원은 6층에 있기 때문에 엘리베이터를 타야 해요. 두둥, 드디어 문이 열렸어요. 쪼르르 올라탔는데 이런, 엘리베이터가 아래로 내려가네요. 저희가 당황하자 옆에 있던 아저씨께서 이렇게 물어보시네요. "너희들, 올라가니?"

오늘의 단어
- **go** [동사] (한 장소에서 다른 장소로) 가다
- **up** [전치사] 위로, 위쪽으로

오늘의 응용 표현

Two pizzas to go.
피자 두 판 가지고 가게 포장해주세요.

December  22nd

 오늘은 그동안 배운 문장을 가족과 함께 복습해볼게요.

* **I'm on my way.** 가고 있어.

    My children are **my** life. 내 아이들은 내 목숨과 같다.

---

* **Which team are you rooting for?**
    넌 어느 팀 응원해?

    Go for it. We'll **root for** you. 잘해봐. 우리가 응원할게.

---

* **Come on!** 에이!

    Come, **come on**. 이쪽으로 오세요, 어서요.

---

* **Short hair is in.** 요즘은 단발이 유행이야.

    A **short** story. 아주 짧은 이야기.

---

* **How many people are there in your family?** 가족이 몇 명이에요?

    How many people were there?
    거기에 사람이 얼마나 많았어요?

January  **9th**

I eat bread for breakfast.
나는 아침 식사로 빵을 먹어.

학교에 늦지 않으려면 아침에 서둘러야 해요. 오늘 오빠는 늦잠 자다가 엄마한테 혼나더라고요. 크크크. 저는 아침 식사로 빵과 우유를 먹을 때가 많아요. 또, 우유에 시리얼을 먹기도 하고, 사과와 오렌지를 함께 먹기도 해요. 여러분은 아침 식사로 뭘 먹나요?

오늘의 단어
- **eat** [동사] (음식·밥 등을) 먹다
- **breakfast** [명사] 아침(밥), 아침 식사

오늘의 응용 표현
I **eat** bread for lunch.
나는 점심 식사로 빵을 먹어.

December **21** **21st**

How many people are there in your family?

가족이 몇 명이에요?

빌리의 가족은 정말 많아요. 빌리와 재키가 쌍둥이인데, 걔들의 누나도 쌍둥이거든요. 빌리에게는 또 귀여운 여동생도 있어요. 빌리의 가족사진을 본 적이 있는데 사진 한 장이 꽉 차더라고요. 빌리야, 그래서 너희 가족은 모두 몇 명이니?

오늘의 단어
- **how many** 얼마나 많은

오늘의 응용 표현

How many people were there?
거기에 사람이 얼마나 많았어요?

January # 10 **10th**

Enjoy your meal.
맛있게 드세요.

할아버지의 생신날이에요. 온 가족이 모여 즐거운 식사를 했어요. 할아버지는 자리에서 일어나 가족 모두에게 고맙다고 말씀하셨어요. 그리고 오늘 밥값은 걱정하지 말고 맛있게 많이 먹으라며 크게 웃으셨어요. 할아버지, 완전 멋쟁이!

오늘의 단어
- **enjoy** [동사] 즐거운 시간을 보내다, 즐거워하다
- **meal** [명사] 끼니 때 먹는 음식, 식사

오늘의 응용 표현

I **enjoy** amusement parks.
나는 놀이공원을 좋아해요.

December  20th

Short hair is in.
요즘은 단발이 유행이야.

그거 아세요? 요즘 초등학생 사이에는 단발이 유행이에요. 저도 무려 사 년 동안 길러왔던 긴 머리를 과감히 잘라버렸어요. 기대 없이 유행이라서 자른 건데 자르고 보니 가볍고 시원하고 깔끔해서 기분이 좋아져요. 진작 자를걸.

 오늘의 단어
- **short** [형용사] (길이/거리가) 짧은

 **오늘의 응용 표현**
A short story.
아주 짧은 이야기.

January **11** **11th**

Guess what?
있잖아.

우리 반에 라이언이라는 남자애가 있어요. 우리는 지난번에 짝꿍이었어요. 그 아이는 뭐, 좀 멋지긴 해요. 요즘 쉬는 시간마다 라이언이 제 자리에 놀러 와서 무슨 책을 읽느냐고, 무슨 낙서를 하는 거냐고 자꾸 물어요. 라이언이 "있잖아, 샐리아"라고 말하면 이상하게 심장이 자꾸 쿵쾅거려요.

오늘의 단어
- **guess** [동사] (추측으로) 알아맞히다.
- **what** [대명사] 무엇, 어떤 것(일), 무슨 일(물건)

오늘의 응용 표현
Guess who I've just seen!
내가 방금 누굴 봤는지 맞혀봐!

December **19** 19th

Come on!
에이!

우리 모둠에 진짜 짜증나는 아이가 한 명 있어요. 그 아이는 제가 말만 하면 탁탁 끊어버려요. 오늘 모둠 신문 만들기에서 제가 '우리 마을 특급 뉴스'라는 제목을 생각해냈더니 "에이, 촌스러워" 하는 거 있죠. 왜 저래 진짜.

오늘의 단어
- **come** [감탄사] 자(남에게 뭔가 대응을 권할 때나 약간 못마땅함을 나타낼 때 씀)
  [동사] (…쪽으로) 오다(움직이다)

오늘의 응용 표현

Come, come on.
이쪽으로 오세요, 어서요.

January **12** **12th**

I'm crazy about the dog.
그 개 말이야, 너무 귀여워 미칠 것 같아.

저녁에 엄마랑 오빠랑 공원에 산책을 다녀왔어요. 달리는 사람도, 자전거 타는 사람도, 농구하는 사람도 많았지만 제 눈에는 산책하는 귀여운 강아지들만 보였어요. 어제는 하얀 털에 눈이 동그랗고 까만 강아지를 만났는데요, 너무 귀여워서 미칠 것 같았어요.

오늘의 단어
- **crazy** [형용사] 특히 (말이나 행동이) 정상이 아닌, 말도 안 되는
- **about** [전치사] …에 대한 (무엇의 '주제'나 '연관성'을 나타냄)

오늘의 응용 표현
Don't get crazy.
진정해, 흥분하지 마.

December **18** **18th**

Which team are you rooting for?

넌 어느 팀 응원해?

월드컵 경기는 언제나 흥미진진해요. 비록 우리나라가 출전하지는 않았지만 여러 나라들이 시합하는 걸 보면서 오빠랑 내기하는 게 너무 재밌거든요.

오늘의 단어
- **root for** 응원하다

오늘의 응용 표현
Go for it. We'll root for you.
잘해봐. 우리가 응원할게.

January   13   13th

 오늘은 그동안 배운 문장을 가족과 함께 복습해볼게요.

* **Going up?** 올라가세요?
Two pizzas to go. 피자 두 판 가지고 가게 포장해주세요.

---

* **I eat bread for breakfast.**
나는 아침 식사로 빵을 먹어.
I **eat** bread for lunch. 나는 점심 식사로 빵을 먹어.

---

* **Enjoy your meal.** 맛있게 드세요.
I **enjoy** amusement parks. 나는 놀이공원을 좋아해요.

---

* **Guess what?** 있잖아.
Guess who I've just seen! 내가 방금 누굴 봤는지 맞혀봐!

---

* **I'm crazy about the dog.**
그 개 말이야, 너무 귀여워 미칠 것 같아.
Don't get **crazy**. 진정해, 흥분하지 마.

December **17** 17th

I'm on my way.
가고 있어.

학교에 가는 길에 엄마에게 전화가 왔어요. 어디냐고 물으시길래 학교 가는 길이라고 했더니 얼른 집으로 돌아오래요. 지각할지도 모르는데 왜 가야 하냐고 했더니 제가 책가방을 안 메고 출발했대요. 어머 어머, 이게 무슨 일인가요!

오늘의 단어
- **my** [한정사] 나의, 내

오늘의 응용 표현

My children are my life.
내 아이들은 내 목숨과 같다.

January  14th

 그동안 배웠던 문장 중 하나를 골라 가볍게 대화해볼까요?
(꼭 아래 문장이 아니어도 좋습니다.)

Jenny

What do you have for breakfast?

너는 아침 식사로 뭘 먹니?

Sally

I eat bread for breakfast.

나는 아침 식사로 빵을 먹어.

December  16th

 그동안 배웠던 문장 중 하나를 골라 가볍게 대화해볼까요?
(꼭 아래 문장이 아니어도 좋습니다.)

Sally

Why are you so picky?

너 왜 그렇게 까다로워?

Jenny

I'm not picky.

나 하나도 안 까다롭거든?

January  **15th**

Any good ideas?
뭐 좋은 의견 없을까?

겨울 방학이라 가족 여행을 떠나기로 했어요. 스키를 타고 싶다는 아빠와 오빠, 온천을 가고 싶다는 엄마와 저의 의견을 모아 강원도에 있는 호텔에 머물게 됐어요. 첫날에는 스키를 타고 저녁엔 온천에 갈 건데, 둘째 날 계획이 아직 없어요. 뭐 좋은 의견 없을까요?

오늘의 단어
- **any** [한정사] 어느, 어떤
- **idea** [명사] 의견, 발상, 생각, 방안, 계획

오늘의 응용 표현

My idea was rejected.
나의 의견은 거부되었다.

December  15th

 오늘은 그동안 배운 문장을 가족과 함께 복습해볼게요.

* **Make a way, please?** 길 좀 비켜줄래?
  It is a kind of **way** to do it. 그것도 한 가지 방법이다.

---

* **Feel free to use it!** 부담 없이 써!
  Feel good! 기분이 좋아!

---

* **Fair enough!** 그래, 인정!
  Look, that's not **fair**. 이봐, 그건 공평하지 않아.

---

* **Leave it to luck!** 운에 맡기자!
  Well, better **luck** next time. 아 뭐, 다음번엔 운이 좋겠지.

---

* **Why are you so picky?** 너 왜 그렇게 까다로워?
  I don't think I'm **picky**. 나 별로 까다롭지 않아.

January  **16th**

Don't get upset.
화내지 마요.

드디어 여행을 떠나는 날 아침, 우리 가족은 차에 올라 출발했어요. 한껏 신이 나 있었죠. 그런데 고속도로에서 깜짝 놀랄 일이 벌어졌어요. 어떤 흰색 차가 너무 빠른 속도로 우리 차를 앞질러 가려다가 부딪힐 뻔했거든요. 놀란 아빠가 큰 소리로 화를 냈어요. 아빠, 화내지 마세요. 우리는 즐거운 여행을 이제 막 시작했잖아요.

오늘의 단어
- **get** [자동사] (어떤 장소·지위·상태에) 이르다, 도달하다, 오다, 가다
- **upset** [동사] 사람의 마음을 화나게 하다.

오늘의 응용 표현

She was upset and shouted loudly.
그녀는 화가 났고, 크게 소리 질렀다.

December 14   14th

Why are you so picky?

너 왜 그렇게 까다로워?

제니는 착하고 재미있는 친구이긴 한데, 가끔씩 좀 까다로워요. 급식에 나오는 반찬을 불평할 때도 많고, 체육 시간에 조금만 힘들어도 계속 투덜거려요. 가끔 제니에게 "너 왜 그렇게 까다로워?"라고 한마디 하고 싶지만 꾹 참아요.

오늘의 단어
- **picky** [형용사] 까다로운, 별스러운 (= fussy)

오늘의 응용 표현

I don't think I'm picky.
나 별로 까다롭지 않아.

January **17** **17th**

This world chose me.

이 세상은 나를 선택했다.

학교에서 시험을 보는데 공부한 문제들만 나왔을 때, 게임에서 계속 이길 때, 좋아하는 친구와 짝꿍이 되었을 때, 이런 기분이 들지 않나요? 맞아요. 세상은 우리를 선택했어요(찡긋). 그러니 모든 일에 용기를 가져도 좋아요.

오늘의 단어
- **world** [명사] 세계
- **choose** [동사] (선택하다, 고르다)의 과거

오늘의 응용 표현
This world did not choose me.
이 세상은 나를 선택하지 않았다.

December 13 13th

Leave it to luck!
운에 맡기자!

오늘은 우리 반과 옆 반의 피구 시합이 있는 날이에요. 지난번 대결에서 우리가 지는 바람에 정말 속상했었거든요. 피구 시합이 있는 날 아침에는 두근거리기까지 했어요. 우리는 강당으로 향하면서 왠지 이길 것 같다며, 운에 맡겨보자고 했어요. 결과는 어땠을까요?

오늘의 단어
- **luck** [명사] 좋은 운, 행운

오늘의 응용 표현
Well, better luck next time.
아 뭐, 다음번엔 운이 좋겠지.

January **18** **18th**

Good talking to you.

너와의 대화 즐거웠어.

오늘도 학교에서 쉬는 시간에 라이언과 이야기를 나눴어요. 라이언과 저는 BTS를 좋아해요. 우리는 조잘조잘 BTS에 관한 수다를 떨었어요. 쉬는 시간이 얼마나 짧게 느껴졌는지 몰라요. 제가 좋아하는 건 BTS일까요, 라이언일까요? 오늘 대화도 정말 즐거웠어, 라이언!

오늘의 단어
- **talking** [명사] 담화, 토론, 수다
- **you** [대명사] 너, 당신; 너희(들), 당신들, 여러분

오늘의 응용 표현

Stop talking and listen!
이야기 그만하고 잘 들어!

December 12 — 12th

Fair enough!
그래, 인정!

오늘은 선생님께서 바쁘셔서 반장에게 교실 청소 검사를 맡겼어요. 반장은 잘난 척하며 교실 바닥이 지저분하니 우리에게 다시 정리하라고 했어요. 이 정도면 깨끗하거든? 바닥을 자세히 보여주며 따져 물으니 반장이 좀 의기소침하게 서 있더니, "합격"이라고 말했어요.

오늘의 단어
- **fair** [형용사] 공정한, 공평한 (↔unfair)

오늘의 응용 표현

Look, that's not fair.
이봐, 그건 공평하지 않아.

January **19** **19th**

Do you follow me?
이해되죠?

수학이 점점 어려워지고 있어요, 으악. 수학 시간마다 선생님은 어려운 내용을 한참 설명하시고는 무서운 눈으로 물어보세요. "이해되죠?" 그때마다 저는 속으로 '아니요, 하나도 이해 못 했어요'라고 생각해요. 하지만 언제나 큰 소리로 이렇게 대답하죠. "네, 신생님. 이해했어요!"

오늘의 단어
- **follow** [동사] (능력·가르침 등을) 따라오다
- **me** [대명사] 나를, 나에게

오늘의 응용 표현

Sorry, I don't follow.
미안하지만, 이해가 안 돼.

December **11** 11th

Feel free to use it!
부담 없이 써!

라이언이 무려 백 가지 색깔이 들어 있는 색연필 세트를 가지고 왔어요. 아빠가 외국에서 사다주신 선물이래요. 예쁜 색이 많아서 너무 부러웠는데, 부럽다고 말하는 순간 라이언이 웃으며 "부담 없이 써"라고 말해줬어요. 정말이야, 라이언? 나 막 써도 돼?

오늘의 단어
- **feel** [동사] (특정한 감정/기분이) 들다(느끼다)

오늘의 응용 표현

Feel good!
기분이 좋아!

January  20th

 오늘은 그동안 배운 문장을 가족과 함께 복습해볼게요.

* **Any good ideas?** 뭐 좋은 의견 없을까?
  My **idea** was rejected. 나의 의견은 거부되었다.

---

* **Don't get upset.** 화내지 마요.
  She was **upset** and shouted loudly. 그녀는 화가 났고, 크게 소리 질렀다.

---

* **This world chose me.** 이 세상은 나를 선택했다.
  This world did not **choose** me. 이 세상은 나를 선택하지 않았다.

---

* **Good talking to you.** 너와의 대화 즐거웠어.
  Stop **talking** and listen! 이야기 그만하고 잘 들어!

---

* **Do you follow me?** 이해되죠?
  Sorry, I don't **follow**. 미안하지만, 이해가 안 돼.

December 10

10th

Make a way, please?

길 좀 비켜줄래?

빌리는 꼭 제 자리 근처에서 길을 막고 놀아요. 아까도 화장실을 가려는데 길을 막고 방해하더라고요. 빌리와는 하루도 그냥 넘어가는 날이 없어요. 자꾸 거슬리고 저를 귀찮게 해요.

오늘의 단어
- **way** [명사] (…로 가는) 길, 코스, 진로

오늘의 응용 표현

It is a kind of way to do it.
그것도 한 가지 방법이다.

January **21** **21st**

 그동안 배웠던 문장 중 하나를 골라 가볍게 대화해볼까요?
(꼭 아래 문장이 아니어도 좋습니다.)

Teacher

Do you follow me?

이해되죠?

Sally

I'm sorry, but I don't understand.

죄송하지만, 이해가 안 돼요.

December   **9**   9th

 그동안 배웠던 문장 중 하나를 골라 가볍게 대화해볼까요?
(꼭 아래 문장이 아니어도 좋습니다.)

Billy

I know you did it on purpose.

네가 일부러 그런 거 다 알아.

Jacky

No, I did not!

아니, 일부러 그런거 아니야!

January 22 **22nd**

How's work?
일은 잘돼가?

지난 주말에 삼촌 댁에 다녀왔어요. 삼촌이 새로운 식당을 열었거든요. 하얀색의 반짝반짝한 식당에 싱싱한 여러 종류의 샐러드가 진열되어 있었고, 삼촌은 무척 바빠 보였어요. 다들 삼촌에게 물었어요. "일은 잘돼가요?" 삼촌은 싱긋 웃었어요. 저는 삼촌의 그 표정이 정말 좋아요.

오늘의 단어
- **work** [명사] 업무, 직무

오늘의 응용 표현

Running is thirsty work.
달리기는 정말 목이 마른 일이야.

December  8th

 오늘은 그동안 배운 문장을 가족과 함께 복습해볼게요.

* **Keep your chin up!** 기운 내!
  Chest out. **Chin up**. 가슴은 활짝 펴고, 턱은 추켜올리고.

---

* **Why the long face?** 너 왜 울상이야?
  Don't pull a **long face**. 그렇게 인상 쓰지 마.

---

* **Who cut the cheese?** 누가 방귀 뀌었어?
  I accidentally **cut the cheese**. 내가 실수로 방귀 뀌었어.

---

* **Don't be a crybaby.** 엄살 피우지 마.
  Such a **crybaby**. 엄청난 울보구나.

---

* **I know you did it on purpose.**
  네가 일부러 그런 거 다 알아.
  Is it **on purpose**? 진짜 일부러 그러는 거야?

January **23** 23rd

A piece of cake.
식은 죽 먹기죠.

저 혼자 할 수 있는 일이 얼마나 많은데, 엄마는 맨날 같이 가자고 하고, 같이 하자고 하고, 같이 만들자고 해요. 아직도 제가 아기인 줄 아는 것 같아요. 어제 저녁에는 혼자 마트에 가서 두부를 사올 수 있겠느냐고 물으시더라고요. 엄마, 그건 정말 식은 죽 먹기죠.

오늘의 단어
- **piece** [명사] (자르거나 나눠 놓은 것의) 한 부분(조각)
- **cake** [명사] 케이크

오늘의 응용 표현

A piece of work.
하나의 (훌륭한) 작품.

December **7** 7th

I know you did it on purpose.
네가 일부러 그런 거 다 알아.

쌍둥이 빌리랑 잭키가 싸웠어요. 쌍둥이끼리 교실 안에서 싸우는 모습은 처음 봤는데, 엄청 재미있었어요. 빌리는 잭키가 일부러 발을 걸어서 본인이 넘어진 거라며 화를 냈고, 잭키는 일부러 그런 게 아니라며 억울해했어요. 누구의 말이 진실일까요?

오늘의 단어
- **on purpose** 고의로(일부러)

오늘의 응용 표현
Is it on purpose?
진짜 일부러 그러는 거야?

January 24 24th

Anything else?
그리고 뭐 더 필요한가요?

드디어 제 마음대로 치즈버거를 먹을 수 있게 되었어요. 줄넘기를 열심히 했더니 살이 조금 빠졌거든요. 계산대에서 치즈버거를 주문하는데, 예쁜 언니가 더 필요한 게 없는지 물어보네요. "당연히 있죠! 감자칩과 콜라요!"

오늘의 단어
- **anything** [대명사] 무엇이든
- **else** [부사] (이미 언급된 것에 덧붙여) 또(그 밖의) 다른

오늘의 응용 표현
Do you see anything?
뭐라도 보이는 거 있어?

December  **6th**

Don't be a crybaby.
엄살 피우지 마.

 오늘은 독감예방주사를 맞는 날이에요. 이런 건 왜 맞아야 할까요? 저는 주사 맞는 게 세상에서 제일 싫어요. 오늘도 주사를 맞는데 아파서 "아야" 하고 비명을 질렀더니 옆에 있던 오빠가 엄살 피우지 말라며 놀렸어요. 우이씨, 오빠도 한 번 맞아봐!

오늘의 단어
- **crybaby** [명사] (못마땅함) 울보

오늘의 응용 표현
Such a crybaby.
엄청난 울보구나.

January

25th

Here you are.
여기 있어요.

아빠는 늘 허둥지둥해요. 깜빡하고 빠뜨리는 게 정말 많아요. 저는 아빠의 공식 심부름꾼이고요. 오늘 아침에 밥을 먹으려고 하는데 출근한 줄 알았던 아빠가 전화를 하셨어요. "사랑하는 우리 딸, 아빠 차 열쇠 좀 들고 내려와 줄래?" "네, 아빠. 여기 있어요." 아빠는 저를 꼭 안아주고 부리나케 회사로 출발하셨어요.

오늘의 단어
- **here** [부사] 여기에(에서, 로), 이리
- **are** [동사] 있다, 존재하다

오늘의 응용 표현
Here is the thing.
여기에 문제가 좀 있어.

December  5th

Who cut the cheese?
누가 방귀 뀌었어?

오랜만에 가족이 모여 오붓하게 영화를 봤어요. 요즘 아빠가 많이 바쁘셔서 가족 모두가 함께 모인 게 정말 오랜만이에요. 누워있는 아빠의 엉덩이를 베고 있는데 갑자기 이상한 냄새가 훅 들어왔어요. "으악, 누구야! 누가 방귀 뀌었어?"

 오늘의 단어
- **cut the cheese** 방귀를 뀌어 냄새가 나다

 오늘의 응용 표현
I accidentally cut the cheese.
내가 실수로 방귀 뀌었어.

January **26** 26th

Have you heard BTS's new song?

BTS의 신곡 들어봤어?

우리 BTS 오빠들의 신곡이 나왔는데, 들어봤어요? 와, 이번에도 빌보드 차트 점령은 당연한 거겠죠? 어쩜 이렇게 멋질까요! 신곡의 뮤직 비디오를 무려 다섯 번이나 돌려봤는데도 또 보고 싶어요. 하지만 그러면 엄마가 가만두지 않으시겠죠?

오늘의 단어
- **hear** [동사] (들려오는 소리를) 듣다, (귀에) 들리다
- **song** [명사] 노래

오늘의 응용 표현

I can **hear** music.
음악 소리가 들려.

December  **4th**

Why the long face?
너 왜 울상이야?

아무래도 아끼던 자물쇠가 달린 일기장을 잃어버린 것 같아요. 아무리 찾아도 보이질 않아요. 한참을 찾다가 포기하고 멍하니 앉아 있는데 지나가던 라이언이 물어보네요. 왜 그렇게 울상이냐고 말이죠. 나도 이런 표정 짓고 싶지 않아, 아, 내 일기장.

 오늘의 단어
- **long face** 시무룩(침통)한 얼굴

 오늘의 응용 표현

Don't pull a long face.
그렇게 인상 쓰지 마.

January  27th

 오늘은 그동안 배운 문장을 가족과 함께 복습해볼게요.

* ## How's work? 일은 잘돼가?
  Running is thirsty **work**. 달리기는 정말 목이 마른 일이야.

---

* ## A piece of cake. 식은 죽 먹기죠.
  A piece of work. 하나의 (훌륭한) 작품.

---

* ## Anything else? 그리고 뭐 더 필요한가요?
  Do you see **anything**? 뭐라도 보이는 거 있어?

---

* ## Here you are. 여기 있어요.
  Here is the thing. 여기에 문제가 좀 있어.

---

* ## Have you heard BTS's new song?
  BTS의 신곡 들어봤어?
  I can **hear** music. 음악 소리가 들려.

December 3   3rd

Keep your chin up!
기운 내!

이번 시험에는 꼭 백 점을 맞고 싶었는데 네 개나 틀렸어요. 국어 한 개, 수학 세 개. 저는 왜 열심히 해도 백 점을 못 맞는 거죠? 공부도 안 하고 게임만 하는 것 같은 오빠는 이번에도 백 점을 맞았는데 말이죠. 아빠는 기운 내라고 하셨지만, 기운이 나지 않아요.

오늘의 단어
- **chin up** 기운 내다

오늘의 응용 표현
Chest out. Chin up.
가슴은 활짝 펴고, 턱은 추켜올리고.

January 28
28th

 그동안 배웠던 문장 중 하나를 골라 가볍게 대화해볼까요?
(꼭 아래 문장이 아니어도 좋습니다.)

Mom

Can you go and buy bean sprouts by yourself?

혼자 가서 콩나물을 사올 수 있겠니?

Sally

A piece of cake.

식은 죽 먹기죠.

December  2nd

 그동안 배웠던 문장 중 하나를 골라 가볍게 대화해볼까요?
(꼭 아래 문장이 아니어도 좋습니다.)

Harry

Please tell me if there's any change.

변동사항 있으면 얘기해줘.

Sally

Nothing!

변동사항 없음!

January **29** 29th

How many times do I have to say it?

몇 번이나 말해야겠니?

집에 들어가면 손을 씻어야 한다는 것쯤은 저도 알고 있어요. 하지만 아주 가끔 귀찮을 때가 있잖아요. 그럴 땐 손을 씻지 않고 슬그머니 방에 들어가 버리기도 해요. 그러면 엄마는 귀신같이 출동해요. "샐리, 들어오면 손부터 씻으라고 몇 번이나 말해야겠니?"

오늘의 단어
- **times** [명사] ~배(倍)가 되는, ~번이 되는
- **say** [동사] 말하다, …라고 (말)하다

오늘의 응용 표현
I climbed five times.
나는 등산을 다섯 번 했다.

December  1st

 오늘은 그동안 배운 문장을 가족과 함께 복습해볼게요.

* I set the alarm for the wrong time.
알람을 잘못 맞춰놨어.

Don't get me **wrong**. 내 말 오해는 하지 마.

---

* Can't it wait? 나중에 하면 안 돼?

Please **wait** your turn. 당신 차례를 기다려주세요.

---

* My favorite subject is science.
내가 제일 좋아하는 과목은 과학이에요.

My **favorite** subject is music. 내가 제일 좋아하는 과목은 음악이에요.

---

* I fell in love at first sight. 한눈에 반했어.

Get out of my **sight**! 내 눈앞에서 사라져!

---

* Please tell me if there's any change.
변동사항 있으면 얘기해줘.

Climate **change**. 기후 변화.

January 　**30**　 30th

Are you kidding me?
장난해?

오빠 방에 갔다가 책상 위에 안 쓰는 수첩이 있길래 달라고 했어요. 가져도 된대요. 신이 나서 냉큼 들고 와 이름을 쓰고 전화번호도 적었어요. 마음에 쏙 들었거든요. 그런데, 갑자기 나타난 오빠가 다시 수첩을 가져가 버렸어요. 갑자기 쓸 데가 생겼대요. 하아, 참. 오빠 지금 장난해?

오늘의 단어
- **kid** [동사] 놀리다, 장난치다

오늘의 응용 표현

I'm not kidding you.
장난치는 거 아니야.

12
December

January **31** **31st**

I'm exhausted.
피곤해요.

월요일과 수요일과 금요일은 영어 학원에 가는 날이에요. 학원에서의 영어 수업은 재미있어요. 게임도 하고 발표도 하고 원어민 선생님이 내주는 퀴즈를 맞추기도 하거든요. 그런데 영어 학원을 마치고 집에 오면 정말 피곤해요. 저는 오늘도 기진맥진해버렸어요.

오늘의 단어
- **exhausted** [형용사] 기진맥진한, 진이 다 빠진, 탈진한

오늘의 응용 표현

The driver was exhausted and fell asleep.
그 운전사는 기진맥진하여 잠들어버렸다.

November **30** 30th

Please tell me if there's any change.

변동사항 있으면 얘기해줘.

오늘도 오빠가 아이스크림을 사러 갔어요. 저는 딸기 맛을 사다 달라고 했는데, 오빠가 웬일로 친절하게 "변동사항 있으면 얘기해줘"라고 하네요. 이럴 때 보면 오빠도 가끔 친절하고 좋은 사람 같아요.

오늘의 단어
- change [명사] 변화

오늘의 응용 표현

Climate change.
기후 변화.

2 February

November  29th

I fell in love at first sight.

한눈에 반했어.

라이언에게 한눈에 반한 건 아니었어요. 유치원 때부터 친구였으니까 한눈에 반할 기회도 없었죠. 우리는 그냥 친구였고, 지금도 그냥 친구죠. 가끔 생각해요. '라이언에게 한눈에 반했다면 우린 지금 어떤 사이가 되었을까?'

- **sight** [명사] 보기, 봄

Get out of my sight!
내 눈앞에서 사라져!

February **1** **1st**

Don't get into trouble.

괜히 끼어들지 마세요.

어제도 오빠랑 티격태격했어요. 요즘은 왜 이렇게 오빠만 보면 화가 날까요? 어제는 오빠가 제 지우개를 가져가서 돌려주지 않아서 가져오라고 소리를 지르다가 엄마한테 혼났어요. 화가 나서 속으로 중얼거렸죠. 엄마, 우리 일에 끼어들지 말아주실래요?

오늘의 단어
- **into** [전치사] … 안(속)으로(에)
- **trouble** [명사] 문제, 곤란, 골칫거리

오늘의 응용 표현

He's in deep trouble.
그는 심각한 곤경에 처해 있다.

November 28 · 28th

My favorite subject is science.

내가 제일 좋아하는 과목은 과학이에요.

2학년까지는 수학이 좋았어요. 풀기만 하면 모두 백 점이었거든요. 그런데 요즘은 너무 어려워졌어요. 그래서 수학이 싫어졌는데 대신 다른 좋아하는 과목이 생겼어요. 바로 과학이에요. 과학 시간마다 하는 실험이 너무 재미있어서 항상 손꼽아 기다린답니다.

오늘의 단어
- **favorite** [형용사] 마음에 드는, 매우 좋아하는

오늘의 응용 표현

My favorite subject is music.
내가 제일 좋아하는 과목은 음악이에요.

February   2   **2nd**

I'm broke.
전 파산상태예요.

가족들과 브루마블 놀이를 했어요. 제 목표는 유럽 쪽 나라들에 호텔을 세우고 서울을 사는 건데요, 이런, 너무 무리했나봐요. 비싼 땅값을 견디지 못하고 그만 파산해버렸지 뭐예요. 하하.

오늘의 단어
- **broken** [형용사] 끝장난

오늘의 응용 표현

Oh no, I've broken it!
어머, 어떡해. 내가 이걸 깨트려버렸어!

November  **27th**

Can't it wait?
나중에 하면 안 돼?

엄마가 갑자기 대청소를 하자고 해요. 온 가족이 다함께 해야 한대요. 저는 보던 유튜브를 계속 보고 싶은데, 엄마가 벌써 대청소를 시작했어요. 엄마, 나중에 하면 안 돼요?

오늘의 단어
- **wait** [동사] 기다리다

오늘의 응용 표현
Please wait your turn.
당신 차례를 기다려주세요.

February  3rd

 오늘은 그동안 배운 문장을 가족과 함께 복습해볼게요.

* **How many times do I have to say it?**
  몇 번이나 말해야겠니?
  I climbed five **times**. 나는 등산을 다섯 번 했다.

---

* **Are you kidding me?** 장난해?
  I'm not **kidding** you. 장난치는 거 아니야.

---

* **I'm exhausted.** 피곤해요.
  The driver was **exhausted** and fell asleep.
  그 운전사는 기진맥진하여 잠들어버렸다.

---

* **Don't get into trouble.** 괜히 끼어들지 마세요.
  He's in deep **trouble**. 그는 심각한 곤경에 처해 있다.

---

* **I'm broke.** 전 파산상태예요.
  Oh no, I've **broken** it! 어머, 어떡해. 내가 이걸 깨트려버렸어!

November **26** **26th**

I set the alarm for the wrong time.

알람을 잘못 맞춰놨어.

오늘은 절대 지각하지 않겠노라고 결심하고, 어젯밤 알람을 맞춰놨는데 시간을 잘못 맞췄지 뭐예요. 아침 6시 30분으로 맞춘 줄 알았는데 저녁 6시 30분이었더라고요. 어휴, 오늘도 지각이네요.

오늘의 단어
- **wrong** [형용사] 틀린, 잘못된 (↔ right)

오늘의 응용 표현

Don't get me wrong.
내 말 오해는 하지 마.

February  4th

 그동안 배웠던 문장 중 하나를 골라 가볍게 대화해볼까요?
(꼭 아래 문장이 아니어도 좋습니다.)

Mom

Your class ended late today.

오늘 수업이 늦게 끝났구나.

Sally

I'm exhausted.

저 지금 엄청 피곤해요.

November  25th

 그동안 배웠던 문장 중 하나를 골라 가볍게 대화해볼까요?
(꼭 아래 문장이 아니어도 좋습니다.)

Daddy

Do you like summer?

여름 좋아하니?

Sally

I hate these dog days.

요즘 너무 더워서 싫어요.

February   **5**   **5th**

How many?

몇 개요? 몇 명이요?

저는 요즘 정말 열심히 책을 읽었어요. 일주일 동안 열심히 읽으면 아빠가 맛있는 아이스크림을 사준다고 약속했거든요. 드디어 오늘, 아빠와 단둘이 마트에 갔어요. 아이스크림을 골라 바구니에 담는데 들리는 아빠의 다정한 목소리. "샐리, 하나만 먹으면 섭섭하잖아." "그럼 몇 개요?"

오늘의 단어
- **how** [부사] 얼마나
- **many** [한정사, 대명사] (의문문에서) 몇

오늘의 응용 표현

How many books have you read?
너는 몇 권의 책을 읽었니?

November  24th

 오늘은 그동안 배운 문장을 가족과 함께 복습해볼게요.

* **Read it back to me.** 나한테 다시 읽어줘.
  How do you expect me to **read** this scribble?
  이렇게 휘갈겨 쓴 글씨를 나더러 어떻게 읽으라는 거야?

---

* **He is a loud mouth.** 걔는 완전 수다쟁이야.
  The dog was drooling at the **mouth**.
  그 개는 입에서 침을 흘리고 있었다.

---

* **Your fly is open.** 너 남대문 열렸어.
  The kids hurried to **open** their presents.
  그 아이들은 급히 선물을 풀었다.

---

* **Don't play dumb!** 시치미 떼지 마!
  I **play** a great man. 나는 위대한 사람인 척을 한다.

---

* **I hate these dog days.** 요즘 너무 더워서 싫어.
  I **hate** doing exams. 난 시험 치는 게 싫다.

February  **6th**

Back me up.

좀 도와줘.

엄마랑 마트에 갔어요. 오랜만에 갔더니 맛있어 보이는 것들이 어찌나 많은지 이것저것 담다 보니 카트가 어느새 가득 차버렸어요. 장바구니에 담아 돌아오는데 너무 무거워서 손이 욱신거렸어요. 이럴 때 오빠는 어디 간 거야? 우리 좀 도와주지!

 • **back** [동사] 도와주다, 원조·후원하다

오늘의 응용 표현

Can you back me up?
나 좀 도와줄래?

November **23** **23rd**

I hate these dog days.
요즘 너무 더워서 싫어.

저는 여름과 겨울 중 여름이 더 싫어요. 더운 건 질색이거든요. 여름 방학이 되면 아무것도 안 하고 방바닥에 엎드려 있고만 싶어요. 시원하게 에어컨을 틀어놓고 말이죠.

오늘의 단어

- **hate** [동사] (무엇을) 몹시 싫어하다(질색하다)

오늘의 응용 표현

I hate doing exams.
난 시험 치는 게 싫다.

February **7** **7th**

Don't be foolish.
멍청하게 굴지 마요.

같은 반 남자아이인 빌리가 엉뚱한 소리를 하면서 저를 놀릴 때마다 한 대 쥐어박고 싶지만 꾹 참는 중이에요. 빌리는 뭐가 그렇게 재미있는지 저만 보면 깔깔대면서 신나해요. 저는 그런 빌리를 이해할 수 없어요. 빌리, 제발 멍청하게 굴지 마.

오늘의 단어
- foolish [형용사] 바보 같은, 멍청한

오늘의 응용 표현
I felt foolish and a failure.
내가 바보 같고 실패자가 된 기분이었다.

November  **22nd**

Don't play dumb!
시치미 떼지 마!

아무래도 범인은 오빠인 것 같은데 또 저렇게 시치미를 떼고 있네요. 어제 엄마가 사다 주신 맛있는 초콜릿을 서랍에 넣어 두었는데 사라졌거든요. 오빠 말고 우리집에서 누가 그걸 몰래 먹는단 말이야!

 오늘의 단어

- **play** [동사] …인 척[체]하다.

 오늘의 응용 표현

I play a great man.
나는 위대한 사람인 척을 한다.

February **8** **8th**

Give it a try.

한번 시도해보세요.

저는 지금까지 '귀신의 집'에 들어가 본 적이 한 번도 없어요. 하지만 오늘 시도해볼 거예요. 친구들과 약속했거든요. 그런데 막상 귀신의 집 앞에 도착하니 너무 무서워서 다리가 덜덜 떨렸어요. 친구들은 어서 들어가자고 난리였죠.

오늘의 단어

- **try** [명사] 시도

오늘의 응용 표현

I'll give it a try.
제가 한번 해볼게요.

November **21** **21st**

Your fly is open.
너 남대문 열렸어.

오늘 영어 선생님이 수업 시간에 '남대문 열렸다'는 표현을 알려주셨어요. 영어에 이런 표현도 있다는 게 너무 신기하고 재미있었어요. 수업을 마치고 집에 오는데 생각할수록 웃음이 나지 뭐예요.

오늘의 단어
- **open** [형용사] 떠져(벌어져) 있는

오늘의 응용 표현
The kids hurried to open their presents.
그 아이들은 급히 선물을 풀었다.

February  **9th**

Get in line!
줄을 서세요!

우리 반 급식 먹는 순서는 선착순이에요. 화장실에서 손을 씻고 빠른 걸음으로 교실에 와보면, 서로 앞에 서려고 난리예요. 전쟁터가 따로 없어요. 반장이 외쳐보지만 소용이 없어요. "얘들아, 줄 서!"

오늘의 단어
- **line** [명사] (표면에 그은) 선(줄)

오늘의 응용 표현
You are the last in line now.
네가 우리 줄에서 꼴찌야.

November  20th

He is a loud mouth.

걔는 완전 수다쟁이야.

 빌리는 너무 수다스러워요. 빌리랑 짝을 한 적이 있었는데요, 종일 빌리의 수다를 듣다 보니 집에 갈 때쯤엔 귀가 멍해졌어요. 그런데, 나쁘지만은 않아요. 빌리랑 같이 있으면 늘 웃음이 나고 지루할 새가 없거든요.

오늘의 단어
- **mouth** [명사] 입, 말투

오늘의 응용 표현

The dog was drooling at the mouth.
그 개는 입에서 침을 흘리고 있었다.

February 10   10th

 오늘은 그동안 배운 문장을 가족과 함께 복습해볼게요.

* **How many?** 몇 개요? 몇 명이요?
  How many books have you read? 너는 몇 권의 책을 읽었니?

---

* **Back me up.** 좀 도와줘.
  Can you **back** me up? 나 좀 도와줄래?

---

* **Don't be foolish.** 멍청하게 굴지 마요.
  I felt **foolish** and a failure. 내가 바보 같고 실패자가 된 기분이었다.

---

* **Give it a try.** 한번 시도해보세요.
  I'll give it a **try**. 제가 한번 해볼게요.

---

* **Get in line!** 줄을 서세요!
  You are the last in **line** now. 네가 우리 줄에서 꼴찌야.

November  **19th**

Read it back to me.
나한테 다시 읽어줘.

제가 큰소리로 책을 읽으면 엄마는 "다시 읽어봐"라고 해요. 분명히 제대로 들었을 텐데 왜 다시 읽어보라고 하는지 정말 이해가 되지 않아요. 엄마, 다시 읽어도 아까랑 똑같은 얘기예요. 제대로 들은 거 맞아요?

오늘의 단어

- **read** [동사] (눈으로) 읽다, (소리 내어) 읽다(읽어주다)

오늘의 응용 표현

How do you expect me to read this scribble?
이렇게 휘갈겨 쓴 글씨를 나더러 어떻게 읽으라는 거야?

February  11th

 그동안 배웠던 문장 중 하나를 골라 가볍게 대화해볼까요?
(꼭 아래 문장이 아니어도 좋습니다.)

Jenny
Give it a try.
야, 한번 도전해봐!

Sally
No way.
I'm scared.
싫어, 싫어! 나 무섭단 말이야!

November 18

18th

 그동안 배웠던 문장 중 하나를 골라 가볍게 대화해볼까요?
(꼭 아래 문장이 아니어도 좋습니다.)

Billy

What are you doing here?

여기서 뭐 해?

Sally

I'm just waiting for my friend.

친구 기다리는 중이야.

February 12 **12th**

Don't get too serious.

너무 심각하게 생각하지 마요.

아빠가 새로운 차를 사고 싶어 하세요. 아빠의 차는 이십 년이나 된 덜덜이거든요. 아빠는 벌써 두 달 동안이나 어떤 차를 사면 좋을지 고민하고 계세요. 그게 그렇게까지 오래 고민해야 하는 문제인지, 저는 이해되지 않아요. 아빠, 너무 심각하게 생각하지 마세요!

오늘의 단어
- **too** [부사] 너무 (…한)

오늘의 응용 표현

This is too big for me.
이건 내게 너무 큰걸요.

November 17
17th

 오늘은 그동안 배운 문장을 가족과 함께 복습해볼게요.

* **What are you doing here?** 여기서 뭐 해?
  Here comes Jo! 여기 조가 오는군!

---

* **Let's call it a day.** 오늘은 이걸로 마치자.
  Day after **day** of hot weather. 매일같이 계속되는 더운 날씨.

---

* **It's out of the question.** 의심할 여지가 없어.
  A quick **question**. 간단한 질문.

---

* **There's no time to lose.** 더 지체할 시간이 없어.
  Teenagers **lose** their childhood simplicity.
  십 대들은 어린 시절의 단순함을 잃는다.

---

* **Keep next Monday open.**
  다음 주 월요일은 비워둬.
  The **next** best thing is cooking.
  다음으로 좋은 건 요리.

February **13** 13th

Give me a call.
전화 주세요.

학교를 마치고 집으로 돌아가는 길, 평소처럼 가방을 메고 집으로 가는데 뒤에서 누가 저를 부르는 소리가 들려요. 어, 누구지? 라이언이잖아? 라이언이 큰 소리로 외쳤어요. "샐리, 집에 가서 전화해줘!"

오늘의 단어
- give [동사] (건네)주다

오늘의 응용 표현
Make sure to give me a call.
나한테 전화하는 거 잊지 마.

November **16** 16th

Keep next Monday open.

다음 주 월요일은 비워둬.

이번 주 금요일부터 다음 주 월요일까지 무려 사 일 동안 휴일이에요! 제니랑 만나서 놀기로 했어요. 언제가 좋을까 고민하다가 월요일로 결정했어요. 다음 주 월요일은 제니를 위해 비워둘 거예요. 제니야, 우리 뭐 할까?

오늘의 단어
- **next** [형용사] 다음, 그(이) 다음

오늘의 응용 표현

The next best thing is cooking.
다음으로 좋은 건 요리.

February **14** **14th**

Calm down!
진정해!

오빠랑 산책을 다녀왔어요. 더 정확히 말하자면 엄마 심부름이에요. 우리는 마트에서 엄마가 알려주신 두부를 사들고 나오는 길이었어요. 그때 어떤 아줌마의 품에 안긴 하얀 강아지가 우리를 향해 계속 깡깡 짖지 뭐예요. 귀여운 강아지야, 진정해!

오늘의 단어
- **calm** [동사] 차분해지다

오늘의 응용 표현
Try to remain calm.
침착성을 잃지 않도록 해봐.

November **15** **15th**

There's no time to lose.
더 지체할 시간이 없어.

막내 이모가 아기를 데리고 놀러왔는데, 아기가 다쳤어요. 아기 손이 있는 줄 모르고 방문을 닫는 바람에 아기 손이 문에 끼었어요. 지체할 시간 없이 이모와 이모부는 아기를 안고 응급실로 뛰어갔어요. 부디 괜찮기를 기도해요.

오늘의 단어
- **lose** [동사] 잃어버리다, 분실하다

오늘의 응용 표현

Teenagers lose their childhood simplicity.
십 대들은 어린 시절의 단순함을 잃는다.

February  **15th**

Help yourself.
마음껏 드세요.

어제는 외할머니의 생신이었어요. 우리는 모두 큰이모네 집에 놀러 갔어요. 큰이모는 아주 아주 커다란 상에 제가 가장 좋아하는 닭다리를 산더미처럼 쌓아놓고는 행복한 미소를 지으며 크게 외쳤어요. "다들 마음껏 드세요!!"

 • **yourself** [대명사] 직접, 자신

 **Love yourself.**
너 자신을 사랑하렴.

November # 14 14th

It's out of the question.

의심할 여지가 없어.

배가 살살 아프고 자꾸 설사가 나고 아침에는 토를 하기도 했어요. 왜 이런 건가요? 아빠는 제가 장염에 걸렸대요. 의심할 여지없이 확실하다며 장염 약을 꺼내 주셨어요. 그런데 장염이 아니면 어쩌죠?

오늘의 단어

- **question** [명사] 질문, 의문, (시험 등에서의) 문제

오늘의 응용 표현

A quick question.
간단한 질문.

February **16** 16th

I'm touched.

저 감동받았어요.

저는 BTS 오빠들을 사랑해요. 정말 많이 사랑해요. 자랑스럽고 존경해요. 오빠들의 신곡이 발표됐어요. 얼마나 기다렸는지 몰라요. 노래가 좋은 건 물론이고, 춤은 더 멋있어졌고, 뮤직비디오는 감동 그 자체였어요.

오늘의 단어
- **touched** [형용사] 감동한, 감정적이 된

오늘의 응용 표현

I'm touched with the movie.
그 영화를 보고 감동을 받았다.

November **13** **13th**

Let's call it a day.
오늘은 이걸로 마치자.

영어 학원 선생님께서 하시는 말씀 중에 가장 듣기 좋은 문장이 있어요. "오늘은 여기까지. 이걸로 마치자." 이 문장을 듣는 순간 번개 같은 속도로 가방을 챙겨서 튀어 나와요. 하루 중 가장 행복한 순간이에요.

오늘의 단어
- **day** [명사] (24시간 동안의) 하루, 날, 요일

오늘의 응용 표현
Day after day of hot weather.
매일같이 계속되는 더운 날씨.

February  17th

 오늘은 그동안 배운 문장을 가족과 함께 복습해볼게요.

* **Don't get too serious.** 너무 심각하게 생각하지 마요.
  This is **too** big for me. 이건 내게 너무 큰걸요.

---

* **Give me a call.** 전화 주세요.
  Make sure to **give** me a call. 나한테 전화하는 거 잊지 마.

---

* **Calm down!** 진정해!
  Try to remain **calm**. 침착성을 잃지 않도록 해봐.

---

* **Help yourself.** 마음껏 드세요.
  Love **yourself**. 너 자신을 사랑하렴.

---

* **I'm touched.** 저 감동받았어요.
  I'm **touched** with the movie. 그 영화를 보고 감동을 받았다.

November 12 — 12th

What are you doing here?
여기서 뭐 해?

학교 마치고 나오는데 라이언이 보이지 않네요. 제가 너무 빨리 나왔나 싶어 교문에 서서 좀 기다렸어요. 눈치 없는 빌리는 집에 안 가고 여기서 뭐 하냐며 같이 가자고 하네요. 이봐 빌리, 나 지금 중요한 일이 있거든?

오늘의 단어
- **here** [부사] 여기에(에서/로), 이리

오늘의 응용 표현

Here comes Jo!
여기 조가 오는군!

February **18** 18th

 그동안 배웠던 문장 중 하나를 골라 가볍게 대화해볼까요?
(꼭 아래 문장이 아니어도 좋습니다.)

Daddy
Did you watch BTS's new music video?
BTS의 새 뮤직비디오 봤니?

Sally
Yes, I did. I'm touched.
네. 완전 감동이었어요.

November 11   11th

 그동안 배웠던 문장 중 하나를 골라 가볍게 대화해볼까요?
(꼭 아래 문장이 아니어도 좋습니다.)

Sally

It's time to give in your notebook to me.

공책을 나한테 낼 시간이야.

Billy

Don't boss me around.

나한테 이래라 저래라 하지 마.

February  **19th**

Don't be shy.
부끄러워할 것 없어요.

쉬는 시간마다 제 곁을 맴돌던 그 아이가 요즘은 좀 뜸해요. 그렇다고 다른 애들이랑 노느냐 하면 그것도 아니에요. 자기 자리에 앉아서 제 쪽을 힐끔거려요. 이거 무슨 뜻이죠? 제발 부끄러워하지 말라고!

 **오늘의 단어**
- **shy** [형용사] 수줍음(부끄럼)을 많이 타는, 수줍어(부끄러워)하는

오늘의 응용 표현
She was quiet and shy.
그녀는 조용하고 수줍음이 많았다.

November 10

10th

 오늘은 그동안 배운 문장을 가족과 함께 복습해볼게요.

* ## Do you stop at the airport?
  이 버스, 공항으로 가는 거 맞나요?
  You really should **stop** smoking. 담배 좀 그만 피우세요.

---

* ## There you go again. 또 시작이군.
  I've told you **again** and again. 내가 너에게 몇 번을 말했잖아.

---

* ## It's none of your business. 상관하지 마.
  Fitness has become big **business**.
  건강과 몸매 관리가 큰 사업이 되었다.

---

* ## Nothing much. 별거 없어.
  Nothing works out. 되는 일이 하나도 없네.

---

* ## Don't boss me around.
  나한테 이래라 저래라 하지 마.
  Be my **boss**. 네가 하고 싶은 대로 해.

February  **20th**

Cheer up!
힘내!

오빠의 축구 경기가 있는 날. 우리 오빠 오늘 왜 저러는 거예요? 평소와 다르게 오늘따라 어마어마하게 느리고 공도 엉뚱한 곳으로 뻥뻥 차버리는 게 아니겠어요. 그래서 슬그머니 한마디 외쳐봅니다. 오빠 힘내!

 **오늘의 단어**
- **cheer** [동사] 힘을 북돋우다

오늘의 응용 표현
A great cheer went up from the crowd.
사람들 사이에서 엄청난 환호성이 터져 나왔다.

November   9   **9th**

Don't boss me around.

나한테 이래라 저래라 하지 마.

어제 학교에서 모둠장을 뽑았는데, 이번에는 제가 모둠장이 됐어요. 선생님께서 모둠장들한테 모둠원들 국어 교과서를 확인해서 모두 제출하라고 하셨어요. 1교시 끝나면 국어책을 저한테 달라고 했더니 빌리는 싫대요. 이래라저래라 하지 말래요. 으악, 열 받아!

오늘의 단어
- **boss** [동사] ~를 쥐고 흔들다

오늘의 응용 표현

Be my boss.
네가 하고 싶은 대로 해.

February  **21st**

Be my guest.
사양하지 마세요.

막내 이모가 우리 집에 놀러 오면 얼마나 시끄러운지 몰라요. 이모가 집에 들어서는 순간부터 집 안이 시끌벅적해지지요. 시끄럽지만 좋은 점도 많아요. 이모는 항상 맛있는 간식을 잔뜩 사들고 오시거든요. 이모, 사양하지 않을게요!

 **오늘의 단어**
- **guest** [명사] (가정집이나 유료 행사의) 손님, 하객, 내빈

 **오늘의 응용 표현**

Our special guest tonight is …
오늘 밤 저희 특별 게스트는…

November 8 8th

Nothing much.
별거 없어.

엄마와 아빠가 엄청 높은 건물의 꼭대기 층에 있는 식당에서 식사를 하고 오셨어요. 중요한 분들을 대접하는 자리라고 했어요. 전망이 어땠냐고, 음식은 맛있었냐고 물어봤는데, 별거 없었대요. 비싸기만 하고 맛도 없었대요. 그래도 저는 꼭대기 층에 있는 식당이 너무 가보고 싶어요.

오늘의 단어
- **nothing** [대명사] 아무것도(단 하나도) (…아니다·없다)

오늘의 응용 표현

Nothing works out.
되는 일이 하나도 없네.

February  **22nd**

Don't miss the boat.
기회를 놓치지 마세요.

우리 동네에는 복권을 파는 작은 가게가 하나 있어요. 토요일 오후가 되면 복권을 사려고 길게 줄 선 아줌마, 아저씨들을 볼 수 있어요. 일등 당첨자를 다섯 번이나 배출했다나 뭐라나. 아빠, 어서 다녀오세요. 기회를 놓치지 마세요.

 **오늘의 단어**

- **miss** [동사] (못 보고 듣고) 놓치다, (관심을 안 두고) 지나치다

오늘의 응용 표현

When did you first miss the necklace?
그 목걸이 언제 처음으로 잃어버렸나요?

November  7th

It's none of your business.

상관하지 마.

어제도 혼나놓고 오늘 또 몰래 게임하는 오빠에게 그만 좀 하라고, 또 엄마한테 걸려서 혼나고 싶으냐고 했더니 상관하지 말래요. 저는 오빠가 게임하는 것 때문에 엄마가 화내는 게 너무 싫단 말이에요. 엄마가 화내면 집 안 공기가 달라지는데 이게 어떻게 상관없는 일인가요.

 **오늘의 단어**
- **business** [명사] (직장의) 일, 업무

 **오늘의 응용 표현**

Fitness has become big business.
건강과 몸매 관리가 큰 사업이 되었다.

February **23** 23rd

After you.
먼저 가세요.

반장이 발가락을 다쳤어요. 발에 붕대를 칭칭 감고는 목발을 짚고 학교에 왔지 뭐예요. 목발을 들고 도망다니면서 놀려주고 싶었지만 꾹 참고 반장을 도와주기로 했어요. 같이 화장실에 다녀오면서 문을 잡아주고 센스 있게 말했죠. 먼저 들어가렴.

오늘의 단어
- **after** [전치사] (시간, 순서상으로) 뒤에(후에)

오늘의 응용 표현

I started after her to tell her the news.
나는 그녀에게 그 소식을 전하기 위해 그녀의 뒤를 따라가기 시작했다.

November **6** **6th**

There you go again.
또 시작이군.

오빠가 또 게임을 하다가 들켰어요. 벌써 몇 번째인지 몰라요. 주말에만 하기로 약속해놓고 방에서 몰래 하다가 엄마한테 걸렸어요. 이번에는 엄마도 그냥 넘어가지 않을 것 같아요. 집 안이 시베리아 벌판 같아요. 후.

오늘의 단어
- **again** [부사] (원래의 장소나 상태로) 다시

오늘의 응용 표현
I've told you again and again.
내가 너에게 몇 번을 말했잖아.

February  **24th**

 오늘은 그동안 배운 문장을 가족과 함께 복습해볼게요.

* **Don't be shy.** 부끄러워할 것 없어요.
  She was quiet and **shy**. 그녀는 조용하고 수줍음이 많았다.

---

* **Cheer up!** 힘내!
  A great **cheer** went up from the crowd.
  사람들 사이에서 엄청난 환호성이 터져 나왔다.

---

* **Be my guest.** 사양하지 마세요.
  Our special **guest** tonight is… 오늘 밤 저희 특별 게스트는…

---

* **Don't miss the boat.** 기회를 놓치지 마세요.
  When did you first **miss** the necklace?
  그 목걸이 언제 처음으로 잃어버렸나요?

---

* **After you.** 먼저 가세요.
  I started **after** her to tell her the news.
  나는 그녀에게 그 소식을 전하기 위해 그녀의 뒤를 따라가기 시작했다.

November   **5**   **5th**

Do you stop at the airport?

이 버스, 공항으로 가는 거 맞나요?

아빠가 또 출장을 가신대요. 아빠는 해외 출장을 정말 자주 다니세요. 출장을 가실 때마다 매번 같은 정류장에서 같은 버스를 타면서도 항상 버스 기사님께 여쭤보고 타세요. "이 버스, 공항으로 가는 거 맞나요?"

오늘의 단어

- **stop** [동사] (움직임 이동을) 멈추다, 서다, 정지하다; 멈추게 하다, 세우다

오늘의 응용 표현

You really should stop smoking.
담배 좀 그만 피우세요.

February  25th

 그동안 배웠던 문장 중 하나를 골라 가볍게 대화해볼까요?
(꼭 아래 문장이 아니어도 좋습니다.)

Daddy

Do you think I ought to get a lottery ticket?

네 생각에 내가 복권을 사야 할까?

Sally

Don't miss the boat.

기회를 놓치지 마세요.

November  4th

 그동안 배웠던 문장 중 하나를 골라 가볍게 대화해볼까요?
(꼭 아래 문장이 아니어도 좋습니다.)

Jenny

What's with him?

쟤 왜 저래?

Sally

I don't know why.

나도 이유를 모르겠네.

February  26th

Going down?
내려가세요?

아빠랑 등산을 했어요. 저는 세상에서 등산이 제일 싫어요. 낑낑대며 아빠 뒤를 따라 걸어 올라가다 보면 숨이 차서 당장 내려가고 싶은 마음이 들어요. 어머, 근데 이게 누구야? 옆집에 사는 제시카 언니를 여기서 만났어요. 언니, 내려가는 길이야?

오늘의 단어
- **down** [부사] 낮은 쪽으로, 아래로

오늘의 응용 표현

A tear rolled down.
눈물 한 방울이 흘러 내렸다.

November  3rd

 오늘은 그동안 배운 문장을 가족과 함께 복습해볼게요.

* **Please hear me out.** 내 말을 끝까지 좀 들어봐.
  Do you **hear** me? 내 말 알아들었니?

---

* **Use your brain.** 머리를 써.
  Brain injury. 뇌 손상.

---

* **What's with him?** 쟤 왜 저래?
  I made up with **him**. 그와 화해했어.

---

* **Chances are slim.** 가능성은 없어.
  Give me one more **chance**. 한 번만 더 기회를 주세요.

---

* **I'm down and out.** 나는 지금 슬럼프에 빠졌어요.
  You know, we are almost **down and out**.
  너도 알잖아, 우리 지금 거의 슬럼프 상태야.

February  27th

I made up with him.
나 개랑 화해했어.

오늘 학교에서 제니랑 살짝, 아주 살짝 다퉜어요. 별일도 아닌데 갑자기 제니가 저에게 화를 내길래 저도 참지 못하고 쏘아붙였죠. 순간 미안한 마음이 들었지만 사과하고 싶지 않았어요. 다행히 제니가 먼저 사과해주었어요. 나도 미안해, 제니야.

 **오늘의 단어**
- **make up** [동사] (~와) 화해하다

오늘의 응용 표현
I made up with Jenny.
나는 제니와 화해했다.

November 2 2nd

I'm down and out.
나는 지금 슬럼프에 빠졌어요.

저는 공부를 아주 잘하진 않지만 못하지도 않거든요. 이제까지 나름 열심히 하며 지내왔는데, 요즘은 왜 이렇게 공부가 하기 싫은 걸까요? 아, 정말 엄청난 슬럼프에 빠져버린 것 같아요. 저 좀 구해줄 사람 없을까요?

오늘의 단어
- **down and out** [형용사] 빈털터리인, (신체가) 쇠약한

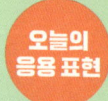
오늘의 응용 표현

You know, we are almost down and out.
너도 알잖아, 우리 지금 거의 슬럼프 상태야.

February **28** **28th**

Don't worry about it.

너무 걱정하지 마세요.

할머니는 제 키가 또래보다 너무 작다며 걱정이세요. 할머니 댁에 놀러갈 때마다 얼마나 컸나 한참을 보시고는 "언제 클래?" 하시죠. 뭐, 걱정한다고 키가 커지는 것도 아닌데 말이에요. 그런 할머니께 큰 소리로 대답해요. "너무 걱정하지 마세요."

오늘의 단어

- **worry** [동사] 걱정하다

오늘의 응용 표현

You worry too much.
넌 걱정을 너무 많이 해.

November **1** **1st**

Chances are slim.
가능성은 없어.

엄마가 이번 단원 평가에서 국어와 수학 모두 백 점을 맞으면 제가 꼭 갖고 싶었던 자물쇠가 달린 일기장을 사주신대요. 오호, 며칠 안 남았으니 열심히 준비할 거예요. 오빠는 또 문을 벌컥 열고 들어와서 가능성이 없다며 저를 놀려대겠죠?

오늘의 단어
- **chance** [명사] 가능성, 기회

오늘의 응용 표현

Give me one more chance.
한 번만 더 기회를 주세요.

3
March

11 November

March **1** **1st**

Come and get it.

와서 밥 먹어.

우리 엄마는 평소엔 친절하고 좋은 분이지만 한 가지 주의할 점이 있어요. 저녁 식사 시간에 늦으면 불같이 화를 내세요. 매일 저녁 7시쯤 되면 들리는 엄마 목소리. "와서 밥 먹어." 그러면 오빠와 저는 용수철처럼 튀어 나가 식탁에 앉아요.

 오늘의 단어
- **get** [동사] 얻다, 구하다, 마련하다

 **오늘의 응용 표현**

Dinner is ready, please come and get it.
저녁 식사 준비됐어요. 와서 드세요.

October — **31** — **31st**

What's with him?
쟤 왜 저래?

빌리의 행동이 요즘 좀 이상해요. 전처럼 장난을 치거나 떠들지도 않고 툭하면 자리에 앉아서 책을 읽어요. 정말 이상해요. 저만 그렇게 느낀 건 아닌가 봐요. 제니도 이상한지 제게 묻더라고요. "빌리 요즘 왜 저래?"

오늘의 단어
- **him** [대명사] 그

오늘의 응용 표현

I made up with him.
나 그와 화해했어.

March **2** **2nd**

Attention, please!
여러분, 집중해주세요!

"얘들아! 집중해봐! 완전 놀라운 소식이 있어!" 반장의 호들갑에 순식간에 교실이 조용해졌어요. 도대체 무슨 일이죠? 드디어 반장이 입을 열었어요. "오늘 내 생일이다!" 이 자식이 진짜!

오늘의 단어
- **attention** [감탄사] (안내 방송에서) 알립니다, 주목하세요
- **please** [감탄사] 남에게 정중하게 무엇을 부탁할 때 덧붙이는 말

오늘의 응용 표현

I tried to attract the attention of the dog.
나는 개의 주의를 끌려고 해보았다.

October   **30**   **30th**

Use your brain.
머리를 써.

수학은 왜 이렇게 복잡한 거죠? 수학 좀 안 하고 살 방법은 없는 건가요? 오늘 문제는 평소보다 더 어려웠어요. 문제가 안 풀려서 끙끙대고 있는데 선생님께서 머리 좀 쓰라고 하시네요. 지금 엄청 머리 쓰는 중입니다만.

오늘의 단어
- **brain** [명사] 뇌

오늘의 응용 표현

Brain injury.
뇌 손상.

March 3 3rd

 오늘은 그동안 배운 문장을 가족과 함께 복습해볼게요.

* **Going down?** 내려가세요?
A tear rolled **down**. 눈물 한 방울이 흘러 내렸다.

---

* **I made up with him.** 나 그와 화해했어.
I **made up** with Jenny. 나는 제니와 화해했다.

---

* **Don't worry about it.** 너무 걱정하지 마세요.
You **worry** too much. 넌 걱정을 너무 많이 해.

---

* **Come and get it.** 와서 밥 먹어.
Dinner is ready, please come and **get** it.
저녁 식사 준비됐어요. 와서 드세요.

---

* **Attention, please!** 여러분, 집중해주세요!
I tried to attract the **attention** of the dog.
나는 개의 주의를 끌려고 해보았다.

October **29** **29th**

Please hear me out.
내 말을 끝까지 좀 들어봐.

오빠의 행동 중 제가 가장 싫어하는 게 뭐냐면요, 제가 무슨 말을 하면 끝까지 듣지 않고 중간에 툭 끼어들어서 자기 할 말을 하는 거예요. 오빠랑 얘기하다 보면 제가 무슨 말을 하고 있었는지 생각도 잘 안 나요. 오빠, 제발 내 말을 좀 끝까지 들어.

오늘의 단어
- **hear** [동사] (들려오는 소리를) 듣다, (귀에) 들리다

오늘의 응용 표현

Do you hear me?
내 말 알아들었니?

March  **4th**

 그동안 배웠던 문장 중 하나를 골라 가볍게 대화해볼까요?
(꼭 아래 문장이 아니어도 좋습니다.)

Jack

Attention, please!

다들 집중해봐!

Sally

What's up?

무슨 일 있어?

Jack

Today is my birthday!

오늘이 내 생일이야.

October  28th

 그동안 배웠던 문장 중 하나를 골라 가볍게 대화해볼까요?
(꼭 아래 문장이 아니어도 좋습니다.)

Harry

It's fifty fifty.

확률은 반반이야.

Sally

I know. I'm very nervous now.

알아. 나 지금 너무 떨려.

March   # 5   **5th**

Be punctual!

시간 좀 지키라고!

이런, 오늘도 지각이네요. 늦잠을 잤거든요. 이번 달 들어서만 벌써 세 번째예요. 천사 같은 우리 선생님도 오늘은 화가 나셨나 봐요. 뒷문으로 살금살금 들어가는데, 등교 시간 좀 지키라고 큰 소리로 외치시네요. 죄송합니다. 흑흑.

오늘의 단어
- **punctual** [형용사] 시간을 지키는

오늘의 응용 표현

He is always very punctual for class.
그는 늘 제시간에 수업에 온다.

October  27th

 오늘은 그동안 배운 문장을 가족과 함께 복습해볼게요.

* **I went to the museum.** 박물관에 갔어요.
  It's an interesting **museum**. 재미있는 박물관이다.

---

* **I don't know the ABC's of politics.**
  난 정치에 대해선 전혀 몰라.
  Politics infuses all aspects of our lives.
  정치는 우리 생활의 모든 측면에 영향을 미친다.

---

* **I can't help it.** 어쩔 수 없어.
  We need your **help**. 저희는 당신의 도움이 필요합니다.

---

* **That's all.** 그게 다야.
  They're **all** good players. 그들 모두 훌륭한 선수들이다.

---

* **It's fifty-fifty.** 확률은 반반이야.
  He was about **fifty**. 그는 오십 정도 되었을 것이다.

March  **6th**

Get the picture?

이해가 되니?

 오빠는 만날 잘난 척이에요. 제가 몰라서 조금 물어보면 별로 어려운 것도 아닌데 대답해주면서 엄청 잘난 척을 해요. 설명이 끝나고 나면 어깨를 으쓱하며 꼭 이렇게 물어봐요. "이해가 되냐?" 아, 꼴 보기 싫어! 나도 똑똑해질 거야!

오늘의 단어
- **get** [동사] 얻다, 가지다
- **picture** [명사] 그림, 사진

오늘의 응용 표현

You still don't get the picture?
아직도 상황 파악이 안 되니?

October  **26th**

It's fifty-fifty.
확률은 반반이야.

주사위를 던져서 홀수가 나오면 제가, 짝수가 나오면 오빠가 아이스크림을 사오기로 했어요. 확률은 정확히 반반. 간절히 기도하며 주사위를 던졌는데 4가 나왔어요. 오빠, 빨리 뛰어갔다 와!

오늘의 단어
- **fifty** [수사] 50

오늘의 응용 표현
He was about fifty.
그는 오십 정도 되었을 것이다.

March  **7th**

Don't get upset.
화내지 마.

 오늘 우리 반에 큰 소동이 벌어졌어요. 반장과 부반장이 큰 소리로 싸우기 시작한 거예요. 친구들이 싸우면 말리느라 바빴던 두 모범생이 싸우니까 왜 이렇게 재미있는 거죠? 하지만 재미있다는 건 비밀. "얘들아, 화내지 마."

오늘의 단어
- **upset** [형용사] 속상한, 마음이 상한

오늘의 응용 표현

I'm not upset!
나 안 삐쳤다고!

October  **25th**

That's all.
그게 다야.

오늘은 집에 늦게 들어갔어요. 학원에서 좀 늦게 끝났고 집에 들어오다가 제니의 전화를 받았거든요. 엄마는 왜 늦었냐고, 무슨 일 있었던 거 아니냐고 꼬치꼬치 물어보시는데, 난 정말 이게 전부예요. 아무 일도 없었다고요.

오늘의 단어
- **all** [대명사] 모든

오늘의 응용 표현

They're all good players.
그들 모두 훌륭한 선수들이다.

March 8 / 8th

Are you serious?
정말이야?

제니가 강아지를 키우기 시작했대요. 유기견 보호센터에서 갈색 푸들을 데리고 왔대요. 저도 강아지를 키우고 싶은데 부러워 죽을 지경이에요. 너무 부럽고 부러워서 몇 번이나 다시 물어봤어요. 너, 진짜야? 정말 강아지를 키운다고?

 오늘의 단어
- **serious** [형용사] 진지한(심각한)

 **오늘의 응용 표현**

I'm serious.
나 엄청 진지해.

October  **24th**

I can't help it.
어쩔 수 없어.

어떡해요. 제니의 강아지가 정말 하늘나라로 갈 건가 봐요. 밥도 먹지 않고 하루 종일 잠만 잔대요. 제니는 강아지 얘기를 할 때마다 눈물을 글썽거려요. 이제는 정말 어쩔 수 없는 거겠죠?

오늘의 단어
- **help** [동사] 돕다, 거들다
  [명사] 도움

오늘의 응용 표현

We need your help.
저희는 당신의 도움이 필요합니다.

March 9 9th

Better late than never.

하지 않는 것보단 늦더라도 하는 게 낫죠.

오늘도 지각인가 봐요. 새 학년이 되면 절대 지각하지 않겠다고 다짐했는데 벌써 지각이라니요. 선생님의 따가운 눈초리를 받으며 교실에 들어갈 생각을 하니 벌써부터 땀이 나네요. 그래도 학교에 안 가는 것보다는 늦더라도 가는 게 낫겠죠?

오늘의 단어
- **better** [형용사] 더 좋은(나은)
- **late** [부사] (예정·보통 때보다) 늦게, 지각하여

오늘의 응용 표현
We'd better take a taxi.
우리는 택시를 타는 게 낫겠다.

October **23** **23rd**

I don't know the ABC's of politics.

난 정치에 대해선 전혀 몰라.

아빠는 요즘 아침마다 굉장히 심각한 표정으로 뉴스를 보세요. 중요한 일과가 된 것 같아요. 뉴스를 보는 게 그렇게 중요한 일인가요? 저는 텔레비전으로 정치 프로그램을 보는 게 제일 재미없고 싫어요. 무슨 말인지 하나도 못 알아듣겠거든요.

오늘의 단어
- **politics** [명사] (국가적인) 정치

오늘의 응용 표현

Politics infuses all aspects of our lives.
정치는 우리 생활의 모든 측면에 영향을 미친다.

March 10 — 10th

 오늘은 그동안 배운 문장을 가족과 함께 복습해볼게요.

* **Be punctual!** 시간 좀 지키라고!
He is always very **punctual** for class.
그는 늘 제시간에 수업에 온다.

---

* **Get the picture?** 이해가 되니?
You still don't **get the picture**? 아직도 상황 파악이 안 되니?

---

* **Don't get upset.** 화내지 마.
I'm not **upset**! 나 안 삐쳤다고!

---

* **Are you serious?** 정말이야?
I'm **serious**. 나 엄청 진지해.

---

* **Better late than never.**
하지 않는 것보단 늦더라도 하는 게 낫죠.
We'd **better** take a taxi. 우리는 택시를 타는 게 낫겠다.

October  22nd

I went to the museum.

박물관에 갔어요.

라이언네 가족과 함께 김치 박물관에 다녀왔어요. 교실 밖에서 친구를 만나는 건 언제든 환영이에요. 오늘 김치 만들기 체험을 하면서 김치를 많이 먹었더니 배가 불러요. 저녁을 못 먹을 것 같은데 어쩌죠.

오늘의 단어
- **museum** [명사] 박물관

오늘의 응용 표현
It's an interesting museum.
재미있는 박물관이다.

March 11 — 11th

 그동안 배웠던 문장 중 하나를 골라 가볍게 대화해볼까요?
(꼭 아래 문장이 아니어도 좋습니다.)

Jenny

I decided to raise a puppy.

강아지를 키우기로 했어.

Sally

Are you serious?

와, 정말이야?

October   21   21st

 그동안 배웠던 문장 중 하나를 골라 가볍게 대화해볼까요?
(꼭 아래 문장이 아니어도 좋습니다.)

Mom

That makes sense.

일리 있는 말이야.

Sally

I think so.

저도 그렇게 생각해요.

March **12** **12th**

Please be seated.

앉으세요.

 지각을 해서 살금살금 교실 뒷문을 열고 들어갔는데 역시나 선생님의 매서운 눈초리. 혼나면 어쩌지 싶어 가슴이 두근거리는데 예상을 깬 선생님의 친절한 목소리. "어서 자리에 앉으세요." 휴우, 살았다!

오늘의 단어
- **seat** [동사] 앉히다, 앉다

오늘의 응용 표현

Have a seat.
자리에 앉아.

October  20th

 오늘은 그동안 배운 문장을 가족과 함께 복습해볼게요.

* **Let's go camping!** 우리, 캠핑 가자!
  Let's go skiing. 우리, 스키 타러 가자.

---

* **Now you're talking.** 이제야 말이 좀 통하네.
  Don't **talk** such rot! 그렇게 말도 안 되는 소리 하지 마!

---

* **Take your time.** 서두르지 마.
  It's OK to **take time**. 천천히 하셔도 괜찮습니다.

---

* **That makes sense.** 일리 있는 말이야.
  I think that **makes sense**. 내 생각에 그게 맞는 말 같다.

---

* **That's another story.** 그 얘기랑은 상관없어.
  The book transports you to **another** world.
  그 책은 당신을 다른 세계로 데려다준다.

March # 13 13th

Catch you later.
다음에 봐요.

 친구들이랑 친해지기 시작하니 학교 다닐 맛이 나네요. 금요일이면 헤어지기 아쉬울 정도예요. 빨리 주말이 끝나고 다시 학교에서 만나 놀고 싶어요. 학교를 마치고 헤어지면 또 전화하고, 카톡 보내느라 바쁜 우리. 다음에 또 보자, 친구들!

오늘의 단어
- **later** [부사] 나중에

오늘의 응용 표현
Two minutes later.
2분 후에.

October **19** **19th**

That's another story.
그 얘기랑은 상관없어.

제니랑 싸웠어요. 우리는 일 년에 한 번 정도 싸웠다가 화해하곤 하는데 오늘이 그날인 것 같아요. 제니가 라이언에게 제가 오빠랑 매일 싸운다는 얘기를 했거든요. 저는 제니가 라이언에게 제 얘기를 하는 게 너무 싫어요. 본인과 상관도 없는 얘기를 왜 하는지 모르겠어요.

오늘의 단어
- **another** [한정사] [대명사] 다른, 다른 사람(것)

오늘의 응용 표현

The book transports you to another world.
그 책은 당신을 다른 세계로 데려다 준다.

March  **14th**

Do I look alright?
저 괜찮아 보여요?

 외출 준비가 끝날 때마다 엄마가 온 가족 앞에서 외치는 말이 있어요. "나 어때? 괜찮아? 예뻐?" 우리는 한목소리로 대답하죠. "엄마가 세상에서 제일 예쁘니까 제발 빨리 가요."

오늘의 단어
- alright = all right = OK
  [형용사, 부사] 괜찮은, 받아들일 만한

 **오늘의 응용 표현**

Everything is gonna be alright.
모든 일이 잘될 거야.

October **18** 18th

That makes sense.

일리 있는 말이야.

중학생이 된 오빠는 점점 더 괴팍한 사람이 되어가는 것 같아요. 오빠가 엉뚱한 말을 늘어놓으며 물건을 빌려갈 때마다 너무 짜증이 나요. 오늘 오빠가 제 모자를 쓰겠다고 해서 왜 싫은지 말해줬어요. 엄마가 제 말이 일리가 있다며 편을 들어주셨어요. 모자를 간신히 지켰네요.

오늘의 단어
- **make sense** 이해(설명)하기 쉽다

오늘의 응용 표현

I think that makes sense.
내 생각에 그게 맞는 말 같다.

March 15 — 15th

Butt out!
참견하지 마!

 오빠의 참견이 점점 더 심해지고 있어요. 오빠는 저를 괴롭히기 위해 태어난 사람 같아요. 오늘도 유튜브를 보고 있는데 와서는 제가 보는 채널마다 재미없다며 다른 걸 보라고 계속 참견을 해요. 제발 내 일에 참견하지 말라고!

오늘의 단어
- **butt** [동사] (머리로) 들이받다(밀다)

오늘의 응용 표현
Butt out! This is none of your business.
참견 마! 이건 너와 상관없는 일이야.

October **17** **17th**

Take your time.
서두르지 마.

라이언은 어쩜 그렇게 매사 태평할까요? 좀 전에는 선생님 심부름으로 둘이서 6학년 교실에 다녀오는 길이었어요. 마음 급한 저는 뛰듯이 급하게 걸었는데, 라이언은 또 태평하네요. 저더러 서두르지 말래요. 아, 못 말려 정말!

오늘의 단어
- **take time** 시간이 걸리다

오늘의 응용 표현

It's OK to take time.
천천히 하셔도 괜찮습니다.

March   **16**   **16th**

Behave yourself!
예의 바르게 행동하세요.

오늘 학교에서 놀랄 일이 있었어요. 우리 반 모범생 제니가 선생님께 반항했다는 사실! 평소 착하고 얌전한 제니의 모습을 알고 있는 우리 반 모든 친구들은 제니의 반항에 입을 다물지 못했어요.

오늘의 단어

- **behave** [동사] 예의 바르게 행동하다

오늘의 응용 표현

Children must learn to behave at table.
아이들은 식탁 예절을 배워야 한다.

October **16** 16th

Now you're talking.
이제야 말이 좀 통하네.

빌리는 가끔씩 심한 장난을 하자고 해요. 저는 거의 대부분 거절하죠. 그런데 오늘 빌리가 라이언의 필통을 숨기자고 했어요. 그러면 안 되는데 라이언의 당황하는 표정을 보고 싶어서 그러자고 했어요. 빌리는 웃으며 좋아했어요. "이제야 말이 좀 통하는군."

오늘의 단어
- **talk** [동사] 말하다, 이야기하다, 수다를 떨다

오늘의 응용 표현

Don't talk such rot!
그렇게 말도 안 되는 소리 하지 마!

March  **17th**

 오늘은 그동안 배운 문장을 가족과 함께 복습해볼게요.

* **Please be seated.** 앉으세요.
Have a **seat**. 자리에 앉아.

---

* **Catch you later.** 다음에 봐요.
Two minutes **later**. 2분 후에.

---

* **Do I look alright?** 저 괜찮아 보여요?
Everything is gonna be **alright**. 모든 일이 잘될 거야.

---

* **Butt out!** 참견하지 마!
Butt out! This is none of your business.
참견 마! 이건 너와 상관없는 일이야.

---

* **Behave yourself!** 예의 바르게 행동하세요.
Children must learn to **behave** at table.
아이들은 식탁 예절을 배워야 한다.

October  **15th**

Let's go camping!
우리, 캠핑 가자!

오늘은 제니와 라이언, 빌리와 함께 캠핑을 하기로 했어요. 물론 부모님도 함께요. 어렸을 땐 자주 모여 놀았는데, 이번 캠핑은 정말 오랜만이에요. 그런데 어젯밤에 갑자기 라이언이 못 갈 수도 있다고 해서 얼마나 마음 졸였는지 몰라요. 안 돼, 라이언. 무조건 같이 가야 해!

오늘의 단어
- **Let's** ~를 하자.

오늘의 응용 표현

Let's go skiing.
우리, 스키 타러 가자.

March 18 18th

 그동안 배웠던 문장 중 하나를 골라 가볍게 대화해볼까요?
(꼭 아래 문장이 아니어도 좋습니다.)

Harry

You'd better watch another channel.

다른 채널로 좀 돌려보지 그래?

Sally

Butt out!

참견하지 마!

October 14 14th

 그동안 배웠던 문장 중 하나를 골라 가볍게 대화해볼까요?
(꼭 아래 문장이 아니어도 좋습니다.)

Daddy

What do you want to do this weekend?

이번 주말에 뭐 하고 싶니?

Sally

Please leave me alone.

혼자 있고 싶어요.

March   **19**   **19th**

I'm in a hurry.
나는 좀 급하다고!

 지난번에 살던 아파트에는 화장실이 두 개였는데, 지금은 한 개예요. 화장실이 한 개여서 가장 불편할 때는 갑자기 배가 아픈데 오빠가 화장실에서 꿈쩍도 하지 않을 때예요. 도대체 오빠는 화장실에 왜 이렇게 오래 있는 거죠?

오늘의 단어
- **hurry** [명사] 서두름, 급함

오늘의 응용 표현

Why are you in such a hurry?
너 왜 그렇게 서두르니?

October 13 13th

 오늘은 그동안 배운 문장을 가족과 함께 복습해볼게요.

* **Whose balloon is this?** 이 풍선 누구 거야?
  The **balloon** went pop. 풍선이 펑 하고 터졌다.

---

* **I bet you.** 확실해.
  Let's make a **bet**! 우리 내기하자!

---

* **You are it.** 네가 술래야.
  I'm **it**! 내가 술래야!

---

* **Please leave me alone.** 혼자 있고 싶어요.
  I am **alone**. 나는 혼자 있어요.

---

* **It's up to you.** 너한테 달렸어.
  Shall we eat out or stay in? It's up **to** you.
  우리 외식할까 아니면 그냥 집에 있을까? 네가 결정해.

March  20th

Can I get a ride?
차 좀 태워주실 수 있어요?

으악, 꾸물거리다가 학원 셔틀 버스를 놓쳤어요. 셔틀 버스를 놓치면 자전거를 타고 학원에 가야 하지만 오늘은 아빠가 쉬는 날. 살금살금 아빠에게 다가가 부탁했어요. "아빠, 학원에 좀 태워주실 수 있어요?"

 오늘의 단어
- **ride** [명사] (차량, 자전거 등을) 타고 가기

 오늘의 응용 표현

Do you want a ride? Jump in.
차 태워줄까? 후딱 타.

October **12** **12th**

It's up to you.
너한테 달렸어.

체육 시간에 이어달리기를 했어요. 상대방 팀과 엎치락뒤치락하는 모습을 보니 손에 땀이 났어요. 제가 우리 팀의 마지막 주자였거든요. 친구들이 힘내라고 응원하며 "너한테 달렸다!"라고 하는데 부담스러워서 도망쳐버리고 싶었어요. 다행히 우리 팀이 이겼답니다!

 오늘의 단어
- **to** [전치사] 쪽(편), 에(으로)

 오늘의 응용 표현

Shall we eat out or stay in? It's up to you.
우리 외식할까 아니면 그냥 집에 있을까? 네가 결정해.

March **21** **21st**

Don't change the subject!
말 돌리지 마요!

제가 오빠를 미워하는 이유는 정말 많아요. 그중 최악은 제가 하는 말을 다 듣지 않고 중간에 말을 돌리면서 휙 하고 나가 버리는 거예요. 예전엔 그냥 당하고만 있었지만, 이제 저도 당하고 있지만은 않을 거예요. "오빠, 말 돌리지 마!"

오늘의 단어
- **change** [동사] 변화시키다, 바꾸다
- **subject** [명사] (논의 등의) 주제(대상/화제), (다뤄지고 있는) 문제

오늘의 응용 표현
I'll **change** her nappy.
내가 애 기저귀 갈아줄게요.

October 11 — 11th

Please leave me alone.

혼자 있고 싶어요.

그럴 때 있지 않나요? 아무도 제 방에 들어오지 않았으면 좋겠고, 집 안에 저 혼자만 있고 싶을 때 말이에요. 어쩔 땐 혼자서 밖에 나가 돌아다니고 싶을 때도 있어요. 이유는 모르겠는데, 요즘은 자꾸만 혼자 있고 싶어요.

오늘의 단어
- **alone** [형용사] [부사] 혼자, 다른 사람 없이

오늘의 응용 표현

I am alone.
나는 혼자 있어요.

March  22nd

I'll be right back.
잠시만요.

아빠와 서점에 갔어요. 제가 정말 좋아하는 《흔한남매》 시리즈가 새로 나왔거든요. 그동안 열심히 책을 읽었다고 아빠가 선물해주시기로 했어요. "《흔한남매》 신간 어디에 있나요?" "잠시만요, 곧 가져다드릴게요."

오늘의 단어
- **back** [형용사] 뒤쪽의

오늘의 응용 표현
We took a taxi to run back home.
우리는 택시를 타고 집으로 돌아왔다.

October   **10**   **10th**

You are it.

네가 술래야.

오랜만에 친구들과 뛰어노니 재미있어요. 요즘은 친구들과 놀 시간이 없어서 아쉬웠거든요. 공원에서 뛰어다니며 술래잡기 하느라 신발도 바지도 지저분해졌지만 얼마나 많이 웃었는지 몰라요.

오늘의 단어
- **it** [대명사] 그것, 술래

오늘의 응용 표현

I'm it!
내가 술래야!

March   **23**   **23rd**

Break it up!
그만 좀 싸워!

오빠랑 저는 툭하면 싸워요. 오빠가 자꾸 저를 놀리고 괴롭히거든요. 물론, 저도 오빠를 놀리기는 하지만요. 싸우는 우리를 보면 엄마는 잔뜩 찌푸린 얼굴로 이렇게 말하세요. "얘들아, 그만 좀 싸워!"

오늘의 단어
- **break** [동사] 멈추다

오늘의 응용 표현
OK, guys, break it up.
얘들아, 그만 떨어져.

October   **9**   **9th**

I bet you.

확실해.

길을 잃고 모두 불안해하고 있는데 빌리가 골목 앞에서 한참 기웃거리더니 편의점에 들어가 길을 묻고 나왔어요. 오늘 빌리는 보통 때와 좀 달라 보여요. 편의점에 가서 자세히 물어보고 왔다고 하더라고요. "이쪽이야. 확실해."

오늘의 단어

- **bet** [명사] 내기, 내기 돈
  [동사] (…이) 틀림없다(분명하다) (무엇에 대해 거의 확신함을 나타냄)

오늘의 응용 표현

Let's make a bet!
우리 내기하자!

March  **24th**

 오늘은 그동안 배운 문장을 가족과 함께 복습해볼게요.

* **I'm in a hurry.** 나는 좀 급하다고!
  Why are you in such a **hurry**? 너 왜 그렇게 서두르니?

---

* **Can I get a ride?** 차 좀 태워주실 수 있어요?
  Do you want a **ride**? Jump in. 차 태워줄까? 후딱 타.

---

* **Don't change the subject!** 말 돌리지 마요!
  I'll **change** her nappy. 내가 애 기저귀 갈아줄게요.

---

* **I'll be right back.** 잠시만요.
  We took a taxi to run **back** home.
  우리는 택시를 타고 집으로 돌아왔다.

---

* **Break it up!** 그만 좀 싸워!
  OK, guys, **break** it up. 얘들아, 그만 떨어져.

October  **8th**

Whose balloon is this?

이 풍선 누구 거야?

교실에 들어오니 책상 위에 풍선이 있었어요. 그것도 아주 예쁜 하트 모양의 핑크 풍선이었어요. "이 풍선 누구 거야?" 몇 번을 물어봐도 주인이 없대요. 혹시 누군가 제게 선물하려고 놓아둔 걸까요? 아, 궁금해. 궁금해.

오늘의 단어
- **balloon** [명사] 풍선

오늘의 응용 표현

The balloon went pop.
풍선이 펑 하고 터졌다.

March  25th

 그동안 배웠던 문장 중 하나를 골라 가볍게 대화해볼까요?
(꼭 아래 문장이 아니어도 좋습니다.)

Mom

Break it up!

그만 좀 싸워!

Sally

I'm sorry, Mom.

엄마 죄송해요.

October **7** **7th**

 그동안 배웠던 문장 중 하나를 골라 가볍게 대화해볼까요?
(꼭 아래 문장이 아니어도 좋습니다.)

Sally
You have a brand new shirt!
셔츠 새로 샀네!

Ryon
Yes, I did.
응, 샀어.

March  **26th**

That's ridiculous.
웃기고 있네.

 아무리 생각해도 제 오랜 친구 빌리는 너무 웃겨요. 더 정확히 말하자면 어이없는 짓을 할 때가 많아요. 오늘은 길에서 UFO를 발견했다며 찍은 사진을 보여주더라고요. 빌리, 그만 좀 하자. 정말 웃기고 있구나.

 오늘의 단어
- **ridiculous** [형용사] 웃기는, 말도 안 되는, 터무니없는

오늘의 응용 표현
Don't be ridiculous!
웃기지 좀 마!

October  6th

 오늘은 그동안 배운 문장을 가족과 함께 복습해볼게요.

* **It slipped my mind.** 깜빡 잊어버렸어요.
  Memory **slip**. (기억을) 까먹는 것.

---

* **You are all dressed up!** 완전 차려입었네요!
  I like to **dress up**. 나는 차려입는 걸 좋아해요.

---

* **You've got it!** 당신이 해냈어요!
  You've been very kind. (당신이) 정말 친절하게 대해주셨어요.

---

* **You've got a point.** 네 말도 일리가 있네.
  The castle is the **point** of the city. 그 성은 도시의 중심이다.

---

* **You have a brand new shirt!** 셔츠 새로 샀네!
  Is it **brand new**? 신상인가요?

March 27 **27th**

Far from it.
아직 멀었어.

영어 학원 숙제는 도대체 왜 이렇게 많은 거예요? 영어 선생님은 우리가 이렇게 많은 숙제를 하는 게 가능하다고 생각하시는 걸까요? 한참을 끙끙대다 보면 오빠가 놀리듯 물어봐요. "숙제 아직 멀었냐?" "아직 멀었어, 오빠."

오늘의 단어
- **far** [부사] 멀리

오늘의 응용 표현

A far off planet.
멀리 떨어진 행성.

October **5** **5th**

You have a brand new shirt!

셔츠 새로 샀네!

오늘은 라이언이 좀 달라 보여요. 머리를 깎은 건가, 안경을 바꾼 건가 한참을 생각해봤는데 못 보던 셔츠를 입고 왔더라고요. 용기 내어 아는 척을 해봤어요. "라이언, 셔츠 새로 샀네!" 그랬더니 쑥스러워 하더라고요. 귀여워요.

오늘의 단어
- **brand new** [형용사] 아주 새로운

오늘의 응용 표현
Is it brand new?
신상인가요?

March  **28th**

Go on please.
어서 계속하세요.

 엄마가 피곤해 보이면 저는 엄마의 종아리를 조물조물 주물러요. 엄마는 괜찮다고 하면서도 엄청 시원해하지요. 이제 됐겠지 싶어서 "그만해도 되지?" 물어보면 엄마는 다정한 목소리로 대답하세요. "어서 계속하렴."

오늘의 단어
- **go on** [동사] 계속하다

오늘의 응용 표현

I'll keep going on.
나는 멈추지 않고 계속할 거예요.

October 4 4th

You've got a point.
네 말도 일리가 있네.

이번 주에 복도 청소 담당이 되었어요. 저는 나름 열심히 하는데 하는 척만 하다 대충대충 가버리는 아이들 때문에 화가 나요. 그래서 아이들한테 한마디 했어요. 복도 청소 좀 제대로 하자고 말이죠. 그랬더니 애들이 입을 삐죽거리며 이렇게 말하네요. "그래, 샐리 네 말도 일리가 있어." 아니, 그런데 청소는 왜 안 하고 가는 거니?

오늘의 단어
- **point** [명사] (말·글에서 제시하는) 의견(주장)

오늘의 응용 표현

The castle is the point of the city.
그 성은 도시의 중심이다.

March **29** **29th**

I'm free.

한가해요.

"심심해, 심심해"를 외치고 있는데 제니에게 연락이 왔어요. 뭐 하냐고, 바쁘냐고, 놀이터에서 친구들과 모일 건데 라이언도 나올 거라고 하네요. 로켓처럼 튀어 오르며 대답했어요. "나 완전 한가해!"

오늘의 단어
- **free** [형용사] 자유로운, 자기 하고 싶은 대로 하는

오늘의 응용 표현

I am free to read here.
나는 여기에 있는 것들을 자유롭게 읽을 수 있다.

October **3** **3rd**

You've got it!
당신이 해냈어요!

타고 다니던 자전거 바퀴에 갑자기 바람이 빠졌어요. 아마도 구멍이 나버린 것 같아요. 이럴 땐 아빠의 도움이 필요해요. 아빠는 귀찮다며 투덜투덜했지만 결국 제 자전거를 원래대로 잘 고쳐주셨어요. 아빠가 해냈어요! 고마워요, 아빠!

오늘의 단어
- **you've** you have의 축약형

오늘의 응용 표현

You've been very kind.
(당신이) 정말 친절하게 대해주셨어요.

March **30** 30th

Don't be a chicken.
겁먹지 마요.

 친구들과 놀이공원 가는 날! 즐거운 척했지만 사실 저는 놀이기구가 너무 무서워서 속으로 덜덜 떨고 있었어요. 저 빼고 모두 즐거워 보이네요. 이런, 갑자기 빌리가 무섭다며 울상을 짓기 시작했어요. 태연한 척하며 위로했지요. "빌리는 겁쟁이구나. 내가 옆에 있으니 겁먹지 마렴."

오늘의 단어
- chicken [명사] 겁쟁이

오늘의 응용 표현
Don't be such a chicken. Give it a try!
그렇게 겁쟁이처럼 굴지 말고 한번 해봐!

October **2** **2nd**

You are all dressed up!
완전 차려입었네요!

우리 엄마는 외출하기 전에 꼭 예쁘다는 말을 듣고 싶어 해요. 오늘 외할머니 생신이라서 다 같이 멋지게 차려입고 근사한 식당에 가기로 했어요. 외출하기 전, 엄마에게 큰 소리로 이렇게 말했어요. "엄마, 완전 예쁘게 차려입었네요!"

오늘의 단어
- **dress up** (보통 때보다 더) 옷을 갖춰(격식을 차려) 입다

오늘의 응용 표현
I like to dress up.
나는 차려입는 걸 좋아해요.

March   31   31st

 오늘은 그동안 배운 문장을 가족과 함께 복습해볼게요.

* **That's ridiculous.** 웃기고 있네.
Don't be **ridiculous**! 웃기지 좀 마!

---

* **Far from it.** 아직 멀었어.
A far off planet. 멀리 떨어진 행성.

---

* **Go on please.** 어서 계속하세요.
I'll keep **going** on. 나는 멈추지 않고 계속할 거예요.

---

* **I'm free.** 한가해요.
I am **free** to read here.
나는 여기에 있는 것들을 자유롭게 읽을 수 있다.

---

* **Don't be a chicken.** 겁먹지 마요.
Don't be such a **chicken**. Give it a try!
그렇게 겁쟁이처럼 굴지 말고 한번 해봐!

October 1 1st

It slipped my mind.
깜빡 잊어버렸어요.

오늘까지 내야 하는 수학 숙제가 있었어요. 그런데 완전히 깜빡 잊어버리고 있었지 뭐예요. 알림장에 적어뒀었고 어제 아침까지도 기억하고 있었는데 오후에 제니랑 신나게 떡볶이 먹고 놀다가 완전히 잊어버렸네요. 아, 오늘 학교 가기 진짜 싫다.

오늘의 단어
- **slip** [동사] (어떤 위치/손을 벗어나) 미끄러지다(빠져나가다)

오늘의 응용 표현

Memory slip.
(기억을) 까먹는 것.

10
October

April   **1**   **1st**

 그동안 배웠던 문장 중 하나를 골라 가볍게 대화해볼까요?
(꼭 아래 문장이 아니어도 좋습니다.)

Ryon
Are you busy now?

지금 바빠?

Sally
No, I'm free now!

아니, 한가해!

September 30 30th

 그동안 배웠던 문장 중 하나를 골라 가볍게 대화해볼까요?
(꼭 아래 문장이 아니어도 좋습니다.)

Sally

**I messed it up.
I'm so sorry.**

내가 망쳤어. 정말 미안.

Rachel

**No worries.
It's OK.**

걱정하지 마, 괜찮아.

April  **2nd**

I'm getting hungry.
슬슬 배고파지는데요.

낮에 간식을 많이 먹었더니 배가 불러서 저녁을 안 먹었어요. 밥이 들어갈 자리가 없었거든요. 그런데 어쩌죠? 자려고 누웠는데 점점 배가 고파오기 시작했어요. 잠들어야 할 시간인데 이렇게 배가 고파오면 어떻게 해야 하죠?

오늘의 단어
- **hungry** [형용사] 배고픈

오늘의 응용 표현
We were hungry and thirsty.
우리는 배가 고프고 목이 말랐다.

September  29th

 오늘은 그동안 배운 문장을 가족과 함께 복습해볼게요.

* I know him inside and out.
저 그 사람 잘 알아요.

Go **inside**. 안쪽으로 가.

---

* Take care! 잘 지내!
Take **care** of it. 잘 관리하세요.

---

* No problem. 괜찮아요.
I have a **problem**. 근데 문제가 있어요.

---

* Let's get together sometime.
언제 한번 모이자.

They sat close **together**. 그들은 서로 가까이 앉아 있었다.

---

* I messed it up. I'm so sorry.
내가 망쳤어. 정말 미안.

Don't **mess** with me. 나한테 까불지 마.

April   **3**   **3rd**

That's enough.
그 정도면 충분하니까, 이제 그만 노력해도 괜찮아.

운동장에서 카드 뒤집기 게임을 했어요. 빨간색 카드를 뒤집어서 파란색 카드를 최대한 많이 만들어야 해요. 온 힘을 다해 뒤집고 있는데 시간이 끝났어요. 아무래도 진 것 같아요. 아쉬워서 속상해하고 있는데 라이언이 옆에 와서 "그 정도면 충분해"라고 말해줬어요. 그러자 갑자기 하나도 안 속상하지 뭐예요.

오늘의 단어

- **enough** [한정사] [대명사] 필요한 만큼의(충분한)

오늘의 응용 표현

This recipe will be enough for four servings.
이 조리법은 4인분에 충분하다.

September **28** **28th**

I messed it up.
I'm so sorry.

내가 망쳤어. 정말 미안.

오늘 미술 시간에는 찰흙으로 그릇 만들기를 했어요. 제 뒤에 앉은 레이첼이 만들기 힘들다며 끙끙대기에 도와주고 싶었어요. 저는 손재주가 있는 편이거든요. 그런데 제가 손대는 바람에 그나마 잘되고 있던 레이첼의 그릇이 완전 엉망이 되어버렸어요. 어쩌죠?

오늘의 단어
- **mess** [동사] 엉망으로(지저분하게) 만들다

오늘의 응용 표현

Don't mess with me.
나한테 까불지 마.

April  **4th**

I'm all set.
준비 끝났어요.

우리 가족은 외출하려고 하면 늘 준비하는 데 시간이 오래 걸려요. 그래서 새로운 규칙을 하나 만들었어요. 외출 준비를 끝낸 사람부터 큰 소리로 "준비 끝!"이라고 외치는 거예요. 규칙을 정한 뒤, 이 말을 먼저 외치고 싶어서 모두가 서두르게 되는 신기한 일이 벌어졌지 뭐예요.

오늘의 단어
- **set** [형용사] 준비가 된

오늘의 응용 표현

Are you all set?
필요한 물건은 다 챙겼니?

September  27th

Let's get together sometime.

언제 한번 모이자.

 저와 빌리, 제니와 라이언은 같은 유치원을 졸업했어요. 엄마들끼리도 여전히 친하시답니다. 엄마들은 어쩌다 길에서 마주칠 때면 "언제 우리 한번 모이자"라는 말씀을 주고받으시더라고요. 그래요, 우리 다 같이 언제 한번 모여요!

오늘의 단어
- **together** [부사] 함께, 같이

오늘의 응용 표현

They sat close together.
그들은 서로 가까이 앉아 있었다.

April  **5th**

I agree.
동의합니다.

다시 돌아온 반장 선거 날, 저는 반장 후보로 제니를 추천했어요. 사실은 라이언을 추천하고 싶었지만, 왠지 모를 쑥스러움에 제니를 추천했답니다. 제가 제니를 추천하자 라이언이 큰 소리로 "동의합니다"라고 외치더라고요. 라이언은 왜 이렇게 멋질까요.

오늘의 단어
- **agree** [동사] 찬성하다, 승낙하다

오늘의 응용 표현
Can we agree a price?
우리가 가격에 대해 합의를 볼 수 있을까요?

September  26th

No problem.
괜찮아요.

 운동장을 가로질러 집에 오는 길에 축구공에 머리를 맞을 뻔 했어요. 정말 아찔한 순간이었는데 마침 근처에 있던 라이언이 재빨리 막아줬어요. 라이언 덕분에 살았죠. 고맙다고 인사했더니 별일 아니라고, 괜찮다고 하네요. 라이언, 그래도 고마워!

오늘의 단어
- **problem** [명사] (다루거나 이해하기 힘든) 문제

오늘의 응용 표현

I have a problem.
근데 문제가 있어요.

April  **6th**

How do you like here?

여기 어때?

우리 가족은 생일이 되면 항상 찾아가는 식당이 있어요. 보쌈과 족발을 파는 곳이에요. 아빠와 저는 보쌈을, 엄마와 오빠는 족발을 가장 사랑하는데 이 식당에서는 두 가지를 모두 먹을 수 있어요. 우리 가족에게는 무척 고마운 식당이에요.

오늘의 단어
- **like** [동사] (…을) 좋아하다

오늘의 응용 표현

Do you like to work in teams?
팀으로 함께 일하는 걸 좋아하세요?

September  25th

Take care!
잘 지내!

 할아버지 댁에 다녀왔어요. 할아버지는 이제 연세가 많으셔서 허리가 굽으시고, 귀도 잘 안 들리세요. 그런데도 할아버지는 언제나 우리 걱정만 하세요. 헤어질 때면 우리에게 몇 번이나 건강히 잘 지내라고 당부를 하신답니다.

오늘의 단어
- care [명사] 돌봄, 보살핌

오늘의 응용 표현

Take care of it.
잘 관리하세요.

April  **7th**

 오늘은 그동안 배운 문장을 가족과 함께 복습해볼게요.

* I'm getting hungry. 슬슬 배고파지는데요.
We were **hungry** and thirsty. 우리는 배가 고프고 목이 말랐다.

---

* That's enough.
그 정도면 충분하니까, 이제 그만 노력해도 괜찮아.

This recipe will be **enough** for four servings.
이 조리법은 4인분에 충분하다.

---

* I'm all set. 준비 끝났어요.
Are you all **set**? 필요한 물건은 다 챙겼니?

---

* I agree. 동의합니다.
Can we **agree** a price? 우리가 가격에 대해 합의를 볼 수 있을까요?

---

* How do you like here? 여기 어때?
Do you **like** to work in teams? 팀으로 함께 일하는 걸 좋아하세요?

September 24   24th

I know him inside and out.

저 그 사람 잘 알아요.

저는 지금까지 라이언을 잘 안다고 생각했어요. 우리는 유치원 때부터 친하게 지내던 사이니까요. 그런데 오랜만에 같은 반이 되고 보니, 제가 어렸을 때 알던 그 라이언이 아닌 것 같은 느낌이 들 때가 있어요. 제가 라이언을 정말 잘 아는 걸까요?

오늘의 단어
- **inside** [전치사] …의 안에(으로)

오늘의 응용 표현

Go inside.
안쪽으로 가.

April  8th

 그동안 배웠던 문장 중 하나를 골라 가볍게 대화해볼까요?
(꼭 아래 문장이 아니어도 좋습니다.)

Daddy

How do you like here?

여기 어때?

Sally

I love here!

완전 좋아요!

September 23 23rd

 그동안 배웠던 문장 중 하나를 골라 가볍게 대화해볼까요?
(꼭 아래 문장이 아니어도 좋습니다.)

Harry

Why are you so angry with me?

왜 그렇게 나한테 화났어?

Sally

I know you stole my snacks.

내 과자 가져간 거 다 알아.

April   9   **6th**

I am hungry to death.

나는 너무 배고파요.

늦잠 자서 아무것도 못 먹고 헐레벌떡 학교로 달려갔어요. 휴우, 다행히 지각은 아니네요. 그런데 배속이 심상치 않아요. 너무 배가 고파요. 배가 고파 죽을 것 같아요. 점심시간까지 어떻게 기다리죠?

오늘의 단어

- **death** [명사] 죽는 것, 죽음, 사망

오늘의 응용 표현

Two men froze to death on the mountain.
두 남자가 산에서 얼어 죽었다.

September  22nd

 오늘은 그동안 배운 문장을 가족과 함께 복습해볼게요.

* **Never mind.** 신경 쓰지 마.
  I **never** lose. 나는 절대로 지지 않아.

---

* **What a good memory you have!**
  기억력 진짜 좋다!
  A painful **memory**. 고통스러운 기억.

---

* **I have a bad headache today.**
  오늘 머리가 너무 아파.
  My **headache** is getting worse. 내 두통이 더 심해져.

---

* **Which of you two is the elder one?**
  둘 중 누가 형이니?
  The **elder** of their two sons. 그들의 두 아들 중 큰아들.

---

* **Why are you so angry with me?**
  왜 그렇게 나한테 화났어?
  Don't look so **angry**. 그렇게 화난 표정 짓지 말아요.

April　　　**10**　　　10th

He didn't show up.
그는 오지 않았어요.

우리 선생님은 좀 엄격하시지만 좋은 점도 많아요. 수업 시간 시작할 때마다 수수께끼를 두 문제씩 내주시고요, 체육 시간에는 피구도 자주 하게 해주시거든요. 그런데 오늘 선생님이 학교에 오시지 않았어요. 많이 편찮으시대요. 걱정돼요.

 오늘의 단어
- **show** [동사] (…에게) 보여주다(제시하다), (…에) 나타나다

 오늘의 응용 표현

Show me the money.
내게 돈을 보여줘.

September **21** 21st

Why are you so angry with me?
왜 그렇게 나한테 화났어?

오빠가 또 저를 건드려요. 분명히 손대지 말라고 했던 과자를 또 꺼내 먹었더라고요. 화가 나서 막 소리를 질렀는데 오빠는 전혀 잘못이 없다는 표정으로 억울해하네요. "왜 그렇게 나한테 화를 내냐?" 제가 왜 화가 났는지 다 알면서 모른 척하니까 더 얄미워요.

오늘의 단어
- **angry** [형용사] 화난, 성난

오늘의 응용 표현

Don't look so angry.
그렇게 화난 표정 짓지 말아요.

April　**11**　**11th**

I can't argue with that.
논란의 여지가 없죠.

지난번 짝꿍이었던 빌리가 불쑥 제 자리에 와서는 짝꿍일 때 줬던 지우개를 다시 돌려달래요. 그때 분명히 저보고 가져도 된다고 했거든요. 어이가 없었어요. 저는 딱 잘라 말했죠. "아가야, 이 문제는 더 이상 말할 가치가 없거든?"

오늘의 단어
- **argue** [동사] 언쟁을 하다, 다투다

오늘의 응용 표현
I'm not disposed to argue.
난 싸우고 싶지 않아.

September 20 **20th**

Which of you two is the elder one?

둘 중 누가 형이니?

빌리에게는 쌍둥이 동생이 있어요. 이름은 재키인데요, 둘은 언뜻 봐서는 누가 빌리인지 재키인지 구분하기 어려울 정도로 닮았어요. 하지만 빌리는 늘 까불까불, 재키는 조용해요. 성격은 다르지만 둘 다 제 좋은 친구들이에요. 아, 그런데 너희 둘 중에 누가 형이니?

오늘의 단어
- **elder** [형용사] (가족 구성원 두 명 중) 손윗사람(연장자)

오늘의 응용 표현

The elder of their two sons.
그들의 두 아들 중 큰아들.

April **12** **12th**

How was your trip?
여행은 어땠어요?

라이언이 며칠째 학교에 오지 않았어요. 베트남으로 가족 여행을 갔다고 하더라고요. 드디어 오늘, 라이언이 오랜만에 등교했어요. 반가운 마음에 가서 슬쩍 물어봤죠. "라이언, 여행은 어땠니?" (그리고 내 선물은?)

오늘의 단어
- **trip** [명사] 여행

오늘의 응용 표현
Our camping trip was wonderful.
우리의 캠핑 여행은 최고였어.

September 19   19th

I have a bad headache today.

오늘 머리가 너무 아파.

학교를 마치고 집에 왔는데 엄마가 소파에 누워 계셨어요. 우리 엄마는 여간해서는 소파에 눕는 법이 없으시거든요. 이상해 보여 여쭤보니 "샐리, 엄마가 오늘 머리가 너무 아파. 약 먹고 쉬는 중이야"라고 얘기하시네요. 엄마의 이런 모습, 적응이 안 돼요. 엄마, 얼른 나으세요.

오늘의 단어
- **headache** [명사] 두통, 머리가 아픔
- **today** [부사] 오늘, 오늘날, 현재

오늘의 응용 표현
My headache is getting worse.
내 두통이 더 심해져.

April   **13**   **13th**

Good for you!
와, 잘했어!

오늘 체육 시간에 피구를 했어요. 옆 반이랑 시합을 했는데요, 꼭 이기고 싶은 마음에 날아오는 공을 잡으려다 그만 넘어졌지 뭐예요. 그래도 다행히 공은 제 품에 들어왔답니다. 옆에 있던 친구들의 칭찬에 어깨가 으쓱으쓱!

오늘의 단어
- **good** [형용사] 즐거운, 기쁜, 좋은, 다행스러운

오늘의 응용 표현

That's good!
오, 그거 좋은데!

September **18** **18th**

What a good memory you have!

기억력 진짜 좋다!

학교에서 분명히 챙긴다고 챙겼는데 아끼던 형광펜이 보이지 않았어요. 어디다 뒀는지 생각이 나질 않아 호들갑을 떨며 찾고 있는데 제니가 "아까 영어실에 두고 온 것 같아"라고 알려줬어요. 와, 제니는 기억력이 진짜 좋네요.

오늘의 단어
- **memory** [명사] 기억(력)

오늘의 응용 표현
A painful memory.
고통스러운 기억.

April  **14th**

 오늘은 그동안 배운 문장을 가족과 함께 복습해볼게요.

* **I am hungry to death.** 나는 너무 배고파요.
  Two men froze to **death** on the mountain.
  두 남자가 산에서 얼어 죽었다.

---

* **He didn't show up.** 그는 오지 않았어요.
  Show me the money. 내게 돈을 보여줘.

---

* **I can't argue with that.** 논란의 여지가 없죠.
  I'm not disposed to **argue**. 난 싸우고 싶지 않아.

---

* **How was your trip?** 여행은 어땠어요?
  Our camping **trip** was wonderful.
  우리의 캠핑 여행은 최고였어.

---

* **Good for you!** 와, 잘했어!
  That's **good**! 오, 그거 좋은데!

September # 17 **17th**

Never mind.

신경 쓰지 마.

라이언이 오른쪽 손가락에 붕대를 감고 왔어요. 붕대 감은 손으로 글씨 쓰는 모습이 불편해 보여 "야, 너 괜찮아? 도와줄까?" 했더니 아무렇지 않다는 표정으로 "아니야, 신경 쓰지 마"라고 하네요. 도와달라고 하길 바랐는데 말이죠.

오늘의 단어
- **never** [부사] 결코(절대, 한 번도) …않다

오늘의 응용 표현
I never lose.
나는 절대로 지지 않아.

April  15th

 그동안 배웠던 문장 중 하나를 골라 가볍게 대화해볼까요?
(꼭 아래 문장이 아니어도 좋습니다.)

Sally

I caught this ball!

내가 공 잡았다!

Jenny

Good for you.

와, 잘했어!

September  16th

 그동안 배웠던 문장 중 하나를 골라 가볍게 대화해볼까요?
(꼭 아래 문장이 아니어도 좋습니다.)

Sally

How long does it take to go to the airport?

공항까지 얼마나 걸려요?

Daddy

About an hour.

1시간 정도 걸릴 거야.

April  **16th**

How come?
어째서?

오빠는 제가 무슨 말만 하면 계속 물어봐요. "어째서?" "어쩌라고?" "그게 왜?" 하면서 말이죠. 참다 참다 제가 소리를 빽 지를 때까지 계속해요. "아, 진짜 제발 그만 좀 해!"

오늘의 단어
- **how** [부사] 어떻게

오늘의 응용 표현

How can I love you?
내가 어떻게 널 사랑할 수 있을까?

September  15th

 오늘은 그동안 배운 문장을 가족과 함께 복습해볼게요.

* **I'm not in a good mood.** 별로 기분이 좋지 않아.
  A **mood** killer. 갑자기 분위기 어둡게 만드는 사람.

---

* **That's too bad.** 아, 너무 안됐다.
  A **bad** choice. 나쁜 선택.

---

* **Call me later.** 이따 전화해.
  Two minutes **later**. 2분 후에.

---

* **How much is the concert ticket?** 콘서트 표 얼마야?
  How much are those earrings? 저 귀고리들 얼마예요?

---

* **How long does it take to go to the airport?** 공항까지 얼마나 걸려요?
  There is no **airport** in this city. 이 도시에는 공항이 없다.

April  **17th**

It could be.
뭐 그럴 수도 있죠.

우리 반 선생님은 너무 엄격하세요. 조금만 떠들거나 늦어도 큰 소리로 혼내세요. 선생님이 "샐리, 너 또 그럴거니?"라고 혼내실 때마다 저는 속으로 중얼거려요. '뭐 그럴 수도 있죠.'

오늘의 단어
- could [조동사] …할 수 있다

오늘의 응용 표현

That could be so, but…
그럴 수도 있지만…

September **14** **14th**

How long does it take to go to the airport?

공항까지 얼마나 걸려요?

엄마, 아빠의 결혼 15주년 기념으로 제주도로 가족 여행을 가기로 했어요. 얼마만의 비행기인지, 정말 설레었어요. 빨리 비행기를 타고 싶어서 공항까지 가는 길이 얼마나 길고 지루하게 느껴졌는지 몰라요. 아빠, 공항까지 대체 얼마나 걸려요?

오늘의 단어
- **airport** [명사] 공항
- **how long** 얼마나, 언제까지

오늘의 응용 표현

There is no airport in this city.
이 도시에는 공항이 없다.

April  **18th**

Don't bother.
신경 쓰지 마세요.

오빠는 요즘 사춘기인가 봐요. 엄마가 숙제 다 했냐고 물어보면 괜히 방문을 쾅 닫고 들어가 버려요. 엄마는 많이 서운하신가 봐요. 오빠의 사춘기가 얼른 끝났으면 좋겠어요. 엄마, 너무 신경 쓰지 마세요.

오늘의 단어
- **bother** [동사] 신경 쓰이게 하다, 괴롭히다

오늘의 응용 표현
Why bother at all?
왜 귀찮게 그러냐?

September **13** **13th**

How much is the concert ticket?

콘서트 표 얼마야?

제니와 말이 잘 통하는 이유는 여러 가지가 있지만 둘 다 BTS를 아주 많이 좋아한다는 이유가 커요. 우리는 틈만 나면 BTS 음악에 관해 이야기하죠. 콘서트 소식을 듣자마자 둘 다 용돈을 모으기 시작했어요. 꼭 가고 싶거든요.

오늘의 단어
- **how much** (값이) 얼마

오늘의 응용 표현

How much are those earrings?
저 귀고리들 얼마예요?

April **19** 19th

This is Kate.
이 친구는 케이트예요.

케이트라는 친구가 전학을 왔어요. 멀리서 왔다고 했는데, 자세히 생각나지는 않네요. 케이트는 키가 크고 운동을 잘하게 생겼는데, 정말 그런지는 체육 시간이 되면 알 수 있겠죠? 케이트, 반가워!

오늘의 단어
- **this** [한정사, 대명사] (가까이 있는 것을 가리켜) 이 사람, (전화 통화 중) 나는

오늘의 응용 표현

This is my mom.
이분이 우리 엄마야.

September **12** **12th**

Call me later.

이따 전화해.

저와 단짝인 제니는 학교를 마치고 집에 갈 때면 항상 "전화해!"라고 말해요. 집에 도착하면 저는 항상 제니에게 전화를 하죠. 사실, 별로 할 얘기는 없는데 학교가 아닌 집에서 주고받는 대화는 왜 이렇게 재미있는 걸까요? 제니야, 내일은 네가 전화해!

 오늘의 단어
- **later** [부사] 나중에

 **오늘의 응용 표현**

Two minutes later.
2분 후에.

April  **20th**

I say no.
난 싫다고 했어!

오빠가 자꾸 저에게 공을 던져요. 공 주고받기를 하자는 신호인데요, 정말 귀찮아요. 공을 던지며 노는 건 우리가 어릴 때나 하는 거죠. 제가 싫다고 했는데도, 계속 공으로 툭툭 건드려요. 오빠 나 분명히 싫다고 했다!

오늘의 단어
- **say** [동사] 말하다, …라고 (말)하다

오늘의 응용 표현

Say what I **say**.
내가 말한 거 말해봐.

September ## 11 11th

That's too bad.
아, 너무 안됐다.

요즘 제니의 강아지가 많이 아프대요. 동물 병원에 며칠 동안 입원해있기도 했는데, 퇴원해서도 전처럼 건강해 보이지 않아서 제니가 걱정이 많아요. 제니가 어제 놀이터에 잠깐 강아지를 데리고 나왔는데 제가 봐도 기운이 하나도 없고 힘들어 보였어요. 너무 안됐어요.

오늘의 단어
- **bad** [형용사] 안 좋은, 불쾌한, 나쁜

오늘의 응용 표현

A bad choice.
나쁜 선택.

April

21st

 오늘은 그동안 배운 문장을 가족과 함께 복습해볼게요.

* **How come?** 어째서?
  How can I love you? 내가 어떻게 널 사랑할 수 있을까?

---

* **It could be.** 뭐 그럴 수도 있죠.
  That **could** be so, but… 그럴 수도 있지만…

---

* **Don't bother.** 신경 쓰지 마세요.
  Why **bother** at all? 왜 귀찮게 그러냐?

---

* **This is Kate.** 이 친구는 케이트예요.
  This is my mom. 이분이 우리 엄마야.

---

* **I say no.** 난 싫다고 했어!
  Say what I say. 내가 말한 거 말해봐.

September 10 — 10th

I'm not in a good mood.

별로 기분이 좋지 않아.

 오늘따라 빌리의 모습이 달라 보여요. 빌리는 언제나 시끌벅적하고 유쾌한 아이인데 오늘은 무슨 일일까요? 빌리와 저는 매일 티격태격 하지만 오 년째 함께 하는 절친이에요. 빌리의 어두운 표정을 그냥 지나칠 수 없죠. "빌리야, 무슨 일 있니? 왜 이렇게 기분이 안 좋아?"

오늘의 단어
- mood [명사] 기분

오늘의 응용 표현

A mood killer.
갑자기 분위기 어둡게 만드는 사람.

April      22nd

 그동안 배웠던 문장 중 하나를 골라 가볍게 대화해볼까요?
(꼭 아래 문장이 아니어도 좋습니다.)

Harry

Pardon?

뭐라고?

Sally

I say no.

난 싫다고 했어!

September 9th

 그동안 배웠던 문장 중 하나를 골라 가볍게 대화해볼까요?
(꼭 아래 문장이 아니어도 좋습니다.)

Mom

I'm sorry. I can't keep my promise.

미안해, 약속을 못 지키게 됐네.

Sally

No big deal.

괜찮아요.

April   **23**   **23rd**

I'm coming.
갑니다.

학원 마치고 배가 고파 힘없이 집에 돌아가는 길, 아빠에게 전화가 왔어요. "우리 딸, 어디야? 언제 와? 아빠가 치킨 시켜놨다!" "우와, 지금 가고 있어요!"

오늘의 단어

- **come** [동사] (어떤 위치, 장소에) 오다(닿다)

오늘의 응용 표현

She gestured for them to come in.
그녀가 그들에게 들어오라고 손짓을 해 보였다.

September  **8th**

 오늘은 그동안 배운 문장을 가족과 함께 복습해볼게요.

* **You are out of your mind!** 미쳤구나!
  Don't **mind**. 신경 쓰지 마.

---

* **You are nuts.** 너는 바보야.
  He's a complete **nut**, if you ask me.
  내 생각에 그는 완전 바보 같아.

---

* **No big deal.** 괜찮아요.
  Don't have a cow, it's no big **deal**.
  흥분하지 마. 대단한 거 아냐.

---

* **Pardon?** 다시 말해주겠니?
  Pardon me? 죄송하지만, 뭐라고 하셨나요?

---

* **It's on me.** 내가 낼게.
  Can you tell **me**? 내게 말해줄래?

April  **24th**

I can tell.
그래 보여요.

엄마는 미용실에서 머리를 새로 하고 올 때마다 제게 물어요. "엄마 예뻐? 사람들이 엄마보고 아줌마 아니고 대학생 같다고 막 그러더라." "맞아요, 엄마. 그래 보여요." 빨리 대답할수록 빨리 저녁을 먹을 수 있어요.

오늘의 단어
- **tell** [동사] (말·글로) 알리다(전하다), 말하다

오늘의 응용 표현

Tell me about it!
내 말이!

September  **7th**

It's on me.
내가 낼게.

 제니는 맛있는 걸 자주 사줘요. 우리는 학교 끝나면 떡볶이를 먹거나 아이스크림을 먹는데, 제니는 자기가 내겠다는 말을 자주 해요. 그래서 오늘은 제가 큰 소리로 먼저 말했어요. "제니, 이번엔 내가 낼게!"

오늘의 단어
- **me** [대명사] 나(를), 저(를), 나에게

오늘의 응용 표현

Can you tell **me**?
내게 말해줄래?

April   **25**   **25th**

I'm a little disappointed.

살짝 실망했어요.

오늘은 제 생일이에요. 엄마는 제가 엄청나게 좋아할 거라며 커다란 상자에 든 선물을 건네셨죠. 기대하며 열어봤는데, 핑크색 인형이 들어 있었어요. 사실 저는 꼭 갖고 싶은 스마트폰 케이스가 있었는데, 살짝 실망했어요.

오늘의 단어
- **disappoint** [동사] 실망시키다, 실망을 안겨주다

오늘의 응용 표현

Penguins do not disappoint people.
펭귄은 사람들을 실망시키지 않아요.

September    **6**   6th

Pardon?
다시 말해주겠니?

요즘 들어 부쩍 할머니께서 우리 얘기를 잘 듣지 못하세요. 예전에는 안 그러셨는데 제가 뭔가 말을 하면 "뭐라고?" 하며 되묻는 경우가 많아졌어요. 반복해서 말하는 게 귀찮아서 이제는 아예 처음부터 큰 목소리로 말할 때가 많아요. 할머니, 제 목소리 잘 들리나요?

 오늘의 단어

- **pardon** [감탄사] 뭐라고?(상대방의 말을 알아듣지 못했을 때 다시 말해 달라는 뜻으로 하는 말)

 **오늘의 응용 표현**

Pardon me?
죄송하지만, 뭐라고 하셨나요?

April  **26th**

Don't mess with me.
나한테 까불지 마.

우리 옆집에 까만색 강아지가 한 마리 사는데요. 이 자식이 저만 보면 자꾸 짖으면서 덤벼들어요. 속으로는 엄청 무섭지만 아닌 척하며 태연하게 말해요. "너, 나한테 까불지 마."

오늘의 단어
- **mess** [동사] 엉망으로 (지저분하게) 만들다

오늘의 응용 표현

My hair's a real mess!
내 머리가 정말 엉망이야!

September  5th

No big deal.

괜찮아요.

 이번 주말에는 엄마와 카페 데이트를 하기로 했어요. 우리 동네에 예쁜 카페가 새로 생겼거든요. 그런데 외할머니께서 갑자기 편찮으시다는 연락이 왔어요. 엄마는 주말에 외할머니를 뵈러 다녀와야 한다며 데이트 약속을 못 지켜 미안하다고 하셨어요. "괜찮아요, 엄마."

오늘의 단어
- **deal** [명사] 거래, 합의

오늘의 응용 표현

Don't have a cow, it's no big deal.
흥분하지 마. 대단한 거 아냐.

April  27th

Hold it for a second!
잠깐만 움직이지 마세요!

야호! 드디어 우리 가족도 비행기를 타고 해외여행을 가기로 했어요. 오빠와 저는 여권을 만들기 위해 사진을 찍었어요. 가장 좋아하는 줄무늬 티셔츠를 입고 카메라 앞에 앉았죠. 사진사 아저씨가 크게 외쳤어요. "자, 자, 잠시만 움직이지 말고!"

오늘의 단어
- **hold** [동사] (사람·사물을 특정한 위치에 오게) 하고 있다(유지하다)

오늘의 응용 표현
I **hold** a bag.
나는 가방을 든다.

September  **4th**

You are nuts.
너는 바보야.

 라이언의 마음은 정말 알다가도 모르겠어요. 제게 관심이 있는 것 같기도 하고, 없는 것 같기도 해요. 어쩔 땐 제니를 좋아하는 것 같아 보이기도 해요. 빌리와 함께 장난치는 걸 보면, 얘는 아무 생각이 없구나 싶기도 하고요. 라이언은 바보예요. 내 마음도 모르고.

오늘의 단어
- **nut** [명사] 바보, 미치광이
- **nuts** [형용사] 미친, 제정신이 아닌

오늘의 응용 표현

He's a complete nut, if you ask me.
내 생각에 그는 완전 바보 같아.

April

28th

 오늘은 그동안 배운 문장을 가족과 함께 복습해볼게요.

* **I'm coming.** 갑니다.
  She gestured for them to **come** in.
  그녀가 그들에게 들어오라고 손짓을 해 보였다.

---

* **I can tell.** 그래 보여요.
  Tell me about it! 내 말이!

---

* **I'm a little disappointed.** 살짝 실망했어요.
  Penguins do not **disappoint** people.
  펭귄은 사람들을 실망시키지 않아요.

---

* **Don't mess with me.** 나한테 까불지 마.
  My hair's a real **mess**! 내 머리가 정말 엉망이야!

---

* **Hold it for a second!** 잠깐만 움직이지 마세요!
  I **hold** a bag. 나는 가방을 든다.

September **3** **3nd**

You are out of your mind!

미쳤구나!

빌리는 가끔 말을 너무 심하게 할 때가 있어요. (물론 저도 아주 가끔 그럴 때가 있긴 하지만요.) 미술 시간에 열심히 작품을 만들고 있는데, 갑자기 제 자리에 와서는 "너, 완전 미쳤구나!" 하면서 놀리고 갔어요. 기분이 확 상했어요.

오늘의 단어

- **mind** [명사] (사물에 대한 판단 능력으로서의) 머리, 정신, 생각, 사고방식

오늘의 응용 표현

Don't mind.
신경 쓰지 마.

April  **29th**

 그동안 배웠던 문장 중 하나를 골라 가볍게 대화해볼까요?
(꼭 아래 문장이 아니어도 좋습니다.)

Daddy

Hold it for a second!

잠깐만 움직이지 마!

Sally

Ok, I got it.

네, 알겠어요.

September   2   2nd

 그동안 배웠던 문장 중 하나를 골라 가볍게 대화해볼까요?
(꼭 아래 문장이 아니어도 좋습니다.)

Ryon
Where are you going?
어디 가?

Sally
I'm going home.
집에 가지!

April · 30 · 30th

Either will do.
둘 중 아무거나 상관없어요.

으악! 저는 정말 가고 싶지 않은데 엄마가 수학 학원으로 저를 끌고 갔어요. 두 곳에서 레벨테스트를 받고 나오면서 어느 학원에 가고 싶으냐고 물으시네요. 저는 정말 둘 중 아무거나 상관없어요. 둘 다 가고 싶지 않거든요.

오늘의 단어
- either [한정사, 대명사] (둘 중) 어느 하나(의)

오늘의 응용 표현
You can park on either side of the street.
거리 양쪽 어느 곳에 주차해도 된다.

September 1 1st

 오늘은 그동안 배운 문장을 가족과 함께 복습해볼게요.

* ## Did you understand? 이해했어?
  Can you **understand** French?
  당신은 프랑스어를 알아들을 수 있나요?

---

* ## What's the matter? 무슨 일 있어?
  Does it **matter**? 지금 그게 중요해?

---

* ## What a nice watch! 이 시계 정말 멋있다!
  Have a **nice** day! 즐거운 하루 되세요!

---

* ## That sounds great! 좋아!
  He has a **great** talent. 그는 재주가 뛰어난 사람이다.

---

* ## Where are you going? 어디 가?
  Where can I pick up my bag? 어디서 제 가방을 찾을 수 있나요?

9
September

May   **1**   **1st**

Hang in there!
좀만 더 힘내!

온가족이 오랜만에 자전거를 타고 달렸어요. 가다 보면 잠시 쉴 수 있는 의자가 있는데요, 의자 옆에 철봉이 하나 있어요. 저는 거기에 갈 때마다 철봉에 매달리는 연습을 해요. 제가 손과 팔을 부들부들 떨면서 버티면 가족들이 이렇게 외쳐요. "좀만 더 힘내!"

오늘의 단어
- **hang** [동사] 걸다, 매달다; 걸리다, 매달리다

오늘의 응용 표현

Hang on a minute, I'm lost.
잠깐만, 뭐가 뭔지 모르겠어.

August   31   **31st**

Where are you going?

어디 가?

점심시간에 급식을 다 먹고 제니와 운동장에 나가 산책을 하기로 했어요. 제니랑 나란히 걷고 있는데 운동장에서 축구를 하던 빌리와 라이언이 큰 소리로 물어보네요. "너희 어디 가냐?" 반가워서 큰 소리로 대답했어요. "우리 산책하고 있어!"

오늘의 단어
- **where** [부사] 어디에, 어디로, 어디에서

오늘의 응용 표현

Where can I pick up my bag?
어디서 제 가방을 찾을 수 있나요?

May   2   **2nd**

Here is something for you.

당신을 위해 준비한 게 있어요.

웬일일까요? 오빠가 예쁘게 포장한 작은 상자를 들고 제 방에 왔어요. "야, 내가 너를 위해 이걸 준비했다. 짜잔!" 신이 나서 열어본 상자에는 오빠의 구멍 난 양말 한 짝과 먹다 남은 오징어가 들어 있었어요.

오늘의 단어
- **something** [대명사] 어떤 것(일), 무엇

오늘의 응용 표현

I have **something** to tell you.
너에게 할 말이 있어.

August **30** **30th**

That sounds great!
좋아!

드디어 라이언과 같은 모둠이 되었어요. 짝꿍이 되고 싶었지만 같은 모둠인 것만도 정말 다행이죠. 오늘 국어 시간에 모둠끼리 끝말잇기를 했어요. 제 차례가 되어 "음질"이라고 말했더니 라이언이 저보고 그런 단어도 아느냐며 "완전 좋아!"라고 엄지를 치켜세워 줬어요.

*음질: 연주할 때 흘러나오는 소리의 상태.

오늘의 단어
- **great** [형용사] (크기/특질을 나타내는 형용사를 강조하여) 엄청난

오늘의 응용 표현

He has a great talent.
그는 재주가 뛰어난 사람이다.

May  **3rd**

I got goose bumps.
나 소름 돋았어.

우연히 텔레비전에서 어떤 성악가가 노래하는 모습을 봤어요. 노래를 어찌나 잘하는지 온몸에 소름이 돋기 시작했어요. 와, 이런 노래는 도대체 어떻게 부르는 거예요?

오늘의 단어
- **goose bump** [명사] 소름, 닭살

오늘의 응용 표현
I got goose bumps while watching him on TV.
텔레비전에서 그 남자를 보고 소름 돋았어.

August  **29th**

What a nice watch!
이 시계 정말 멋있다!

중학교 입학 선물로 산 시계를 자랑하는 오빠에게 사실은 "시계 정말 멋지다!"라는 말을 해주고 싶었어요. 제 눈에도 멋진 시계였거든요. 그런데 매일 놀리고 싸우는 오빠에게 이제 와 칭찬을 하는 게 너무 어색해요. 역시, 그런 말은 하지 않겠어요.

오늘의 단어
- **nice** [형용사] (기분) 좋은, 즐거운, 멋진

오늘의 응용 표현

Have a nice day!
즐거운 하루 되세요!

May   **4**   **4th**

I slept like a log.
나 푹 잤어.

그제 친구들과 파자마 파티를 했어요. 새벽 3시까지 종알종알 떠들며 놀았더니 어제는 초저녁부터 잠이 쏟아지더라고요. 그제 못 잔 잠까지 더해 완전 푹 자고 일어났더니 온몸이 개운해요. 오늘 파자마 파티 한 번 더 해도 될 것 같아요.

오늘의 단어
- **log** [명사] 통나무

오늘의 응용 표현

A log fire crackled in the hearth.
난로 속에서 장작불이 탁탁 소리를 내며 탔다.

August  28th

What's the matter?
무슨 일 있어?

 오늘 교실에 들어갔는데, 제니가 책상에 엎드려 있더라고요. 졸린가 싶어서 "제니야, 졸려? 나 왔어" 했는데, 제니가 어깨를 들썩이며 울고 있지 뭐예요. 너무 놀라 큰 소리로 물어봤어요. "제니야, 무슨 일 있어?"

오늘의 단어
- **matter** [명사] (고려하거나 처리해야 할) 문제

오늘의 응용 표현

Does it matter?
지금 그게 중요해?

May  **5th**

 오늘은 그동안 배운 문장을 가족과 함께 복습해볼게요.

* ### Either will do. 둘 중 아무거나 상관없어요.
  You can park on **either** side of the street.
  거리 양쪽 어느 곳에 주차해도 된다.

---

* ### Hang in there! 좀만 더 힘내!
  Hang on a minute, I'm lost. 잠깐만, 뭐가 뭔지 모르겠어.

---

* ### Here is something for you.
  당신을 위해 준비한 게 있어요.
  I have **something** to tell you. 너에게 할 말이 있어.

---

* ### I got goose bumps. 나 소름 돋았어.
  I got **goose bumps** while watching him on TV.
  텔레비전에서 그 남자를 보고 소름 돋았어.

---

* ### I slept like a log. 나 푹 잤어.
  A **log** fire crackled in the hearth.
  난로 속에서 장작불이 탁탁 소리를 내며 탔다.

August   **27**   **27th**

Did you understand?

이해했어?

저는 영어 학원에 다니고 있어요. 일주일에 세 번씩이나 다니는 건 쉬운 일이 아니지만, 그래도 제니랑 같은 반에서 수업 듣는 건 좋아요. 일주일에 한 번은 원어민 선생님 수업인데요, 선생님은 수업시간마다 꼭 이렇게 물어보세요. "이해했니?"

오늘의 단어

- **understand**
  [동사] (남의 말·단어의 의미·언어 등을) 이해하다, 알아듣다, 알다

오늘의 응용 표현

Can you understand French?
당신은 프랑스어를 알아들을 수 있나요?

May  **6th**

 그동안 배웠던 문장 중 하나를 골라 가볍게 대화해볼까요?
(꼭 아래 문장이 아니어도 좋습니다.)

Daddy

Did you sleep well?

잘 잤니?

Sally

I slept like a log.

아주 푹 잘 잤어요.

August   26   26th

 그동안 배웠던 문장 중 하나를 골라 가볍게 대화해볼까요?
(꼭 아래 문장이 아니어도 좋습니다.)

Harry

What do you think of this watch?

이 시계 어때?

Sally

Terrible!

최악이지.

May      7th

How do I repay you?

어떻게 보답하지?

제니에게 딱 한 번만 강아지를 놀이터에 데리고 나와달라고 부탁했어요. 제니는 엄마가 허락해주지 않는다고 거절했지만 제가 조르니까 엄마 몰래 데리고 나와주었어요. 제니의 강아지는 너무 귀여웠어요. 제니에게 너무 고마워요. 이걸 어떻게 보답하죠?

오늘의 단어

- **repay** [동사] (은혜 등을) 갚다, 보답하다

오늘의 응용 표현

When are you going to repay them?
그들에게는 (돈을) 언제 갚을 거예요?

August 25 25th

 오늘은 그동안 배운 문장을 가족과 함께 복습해볼게요.

* I have no clue. 꿈에도 몰랐다.

I don't have a **clue** where she lives.
난 그녀가 어디 사는지 전혀 모른다.

---

* May I have your name please?
이름이 뭔지 알 수 있을까요?

She signed her **name**. 그녀는 서명을 했다.

---

* You wanna join? 같이 할래?

Will you **join** us for lunch? 우리랑 점심 함께 할래요?

---

* Do you mind if I borrow this?
이거 빌려도 돼?

Can I **borrow** your umbrella? 우산 좀 빌릴 수 있을까?

---

* What do you think of this watch?
이 시계 어때?

She kept looking anxiously at her **watch**.
그녀는 초조한 듯 계속 시계를 보았다.

May      8th

How's the work going?

일은 잘돼가요?

샐러드 가게를 연 삼촌은 요즘 너무나 바쁘대요. 삼촌에게 오랜만에 전화를 걸었어요. 일하는 중에 전화를 받은 삼촌은 제 목소리를 듣고 반가워했지만 무척 바빠 보였어요. 그런 삼촌에게 물어봤어요. "삼촌, 일은 잘돼가?"

오늘의 단어
- **work** [명사] 일, 작업(근무)

오늘의 응용 표현

Both my parents work.
우리 부모님은 두 분 다 일하신다.

August   **24**   **24th**

What do you think of this watch?

이 시계 어때?

아빠가 중학교 입학 기념으로 오빠에게 손목시계를 선물해 주시기로 해서 어제 오빠와 백화점에서 시계를 사왔어요. 오빠는 몇 번이나 제게 물었어요. "이 시계 어때?" 속으로 대답했죠. '완전 별로거든.'

오늘의 단어

- **watch** [명사] 시계(손목에 차거나 호주머니에 넣어 다니는 작은 것)

오늘의 응용 표현

She kept looking anxiously at her watch.
그녀는 초조한 듯 계속 시계를 보았다.

May   9   **9th**

How's your family?
가족들은 잘 있어요?

할아버지께서 저에게 전화하셨어요. 아빠, 엄마가 전화를 안 받는다며 혹시 집에 무슨 일 있느냐며 걱정하시더라고요. 아빠는 샤워 중이었고, 엄마는 요가 수업에 가셨는데 말이에요. 가족들 모두 잘 있느냐고 물으시는 할아버지의 질문에 "그럼요!"라고 대답했고 할아버지는 안심하셨어요.

오늘의 단어
- **family** [명사] (부모와 자녀로 구성된) 가족, 가정, 가구

오늘의 응용 표현

We have two daughters in the family.
우리 집에는 두 명의 딸이 있다.

August **23** **23rd**

Do you mind if I borrow this?

이거 빌려도 돼?

빌리는 매일 제 물건을 빌려가요. 어제는 지우개를 빌려달라더니 오늘은 형광펜을 빌려갔어요. 빌려가고는 돌려주지 않아 한참을 기다린 적도 많아요. 내일부터는 빌리에게 어떤 것도 절대 빌려주지 않을 거예요.

오늘의 단어
- **borrow** [동사] 빌리다

오늘의 응용 표현
Can I borrow your umbrella?
우산 좀 빌릴 수 있을까?

May   **10**   **10th**

I'm starved!
나 너무 배고파!

줄넘기 학원을 마치고 올 때면 배가 고파 견딜 수가 없어요. 집으로 뛰어 들어와 이렇게 크게 소리 질러요. "엄마, 저 너무 배고파요! 밥 주세요!" 그러면 엄마는 더 큰 소리로 외치죠. "샐리, 일단 손부터 씻어!"

오늘의 단어

- **starved** [형용사] 굶주린, 허기진; 굶어 죽는

오늘의 응용 표현

Let's have dinner. I'm starved.
저녁 먹자. 나 너무 배고파.

August **22** **22nd**

You wanna join?
같이 할래?

라이언이 저녁에 공원에 간대요. 스케이트보드 연습하러 간다며 같이 갈 거냐고 묻네요. 저는 세상에서 스케이트보드를 가장 싫어하지만, 라이언이 같이 가자고 하니 오늘부터 열심히 배워보려고 해요.

오늘의 단어
- **join** [동사] 가입하다, 합류하다, 함께 하다

오늘의 응용 표현

Will you join us for lunch?
우리랑 점심 함께 할래요?

May **11** 11th

I have a sweet tooth.

난 단 걸 좋아해.

우리 엄마는 커피를 좋아해요. 그중에서도 아이스 바닐라 라떼. 엄마 몰래 한 모금 먹어봤는데 엄청 달달하고 시원했어요. 엄마는 달달한 커피를 마시면 행복한 기분이 든대요. "그렇다면 엄마, 저도 달달한 거 한 잔만 사주실래요?"

오늘의 단어
- **sweet** [형용사] 달콤한, 단

오늘의 응용 표현

The drink is very sweet.
그 음료는 매우 달다.

August **21** **21st**

May I have your name please?

이름이 뭔지 알 수 있을까요?

짜잔, 드디어 저도 주식 계좌를 만들었어요. 엄마와 은행에 가서 주식 계좌를 만들어달라고 했죠. 서류를 챙겨서 은행에 가니 마치 제가 어른이 된 것 같은 으쓱한 기분이 들었어요. 자리에 앉자 은행 직원분이 이렇게 얘기했어요. "고객님, 이름이 어떻게 되세요?"

오늘의 단어
- **name** [명사] 이름, 성명, 성함

오늘의 응용 표현

She signed her name.
그녀는 서명을 했다.

May  **12th**

 오늘은 그동안 배운 문장을 가족과 함께 복습해볼게요.

* **How do I repay you?** 어떻게 보답하지?

When are you going to **repay** them?
그들에게는 (돈을) 언제 갚을 거예요?

---

* **How's the work going?** 일은 잘돼가요?

Both my parents **work**. 우리 부모님은 두 분 다 일하신다.

---

* **How's your family?** 가족들은 잘 있어요?

We have two daughters in the **family**.
우리 집에는 두 명의 딸이 있다

---

* **I'm starved!** 나 너무 배고파!

Let's have dinner. I'm **starved**. 저녁 먹자. 나 너무 배고파.

---

* **I have a sweet tooth.** 난 단 걸 좋아해.

The drink is very **sweet**. 그 음료는 매우 달다.

August  **20th**

I have no clue.//꿈에도 몰랐다.

저녁을 먹고 아무리 찾아봐도 핸드폰이 보이지 않아요. 학교에 두고 왔나? 학원에 두고 왔나? 책가방을 탈탈 뒤졌는데도 보이지 않아요. 찾아보려고 나가는데, 현관에 있는 실내화 가방에 들어 있는 핸드폰을 발견했어요. 아, 정말 다행이에요!

오늘의 단어
- **clue** [명사] (범행의) 단서

오늘의 응용 표현
I don't have a clue where she lives.
나는 그녀가 어디 사는지 전혀 모른다.

May **13** **13th**

 그동안 배웠던 문장 중 하나를 골라 가볍게 대화해볼까요?
(꼭 아래 문장이 아니어도 좋습니다.)

Mom

What do you want to drink?

음료 뭐 마실래?

Sally

I have a sweet tooth.

난 단 걸 좋아해.

August 19 19th

 그동안 배웠던 문장 중 하나를 골라 가볍게 대화해볼까요?
(꼭 아래 문장이 아니어도 좋습니다.)

Daddy
What's your dream?

넌 꿈이 뭐니?

Sally
I haven't thought of it yet.

아직 생각 안 해봤어요.

May      **14th**

Hang loose.

긴장 풀어.

지난 몇 달 동안 준비했던 영어 시험을 보러 가는 날이에요. 엄마는 차를 태워주시면서 몇 번이나 말씀하셨죠. "샐리, 긴장을 풀어야 해." 엄마, 저도 긴장을 풀고 싶어요. 그런데 자꾸 심장이 쿵쾅쿵쾅 뛰는 걸 어떻게 하나요.

오늘의 단어
- **loose** [형용사] 묶여(매여) 있지 않은, 풀린

오늘의 응용 표현

It's **loose** here.
여기는 널널해요.

August 18 18th

 오늘은 그동안 배운 문장을 가족과 함께 복습해볼게요.

* **Just kidding.** 농담이야.
Are you **kidding** me? 너 지금 나랑 장난하냐?

---

* **Sure I will.** 당연히 그렇게 할 거예요.
Will you be there? 너 거기 올 거니?

---

* **Do your best!** 열심히 해!
The **best** of the best! 우와, 역대급이다!

---

* **I haven't thought of it yet.**
아직 생각 안 해봤어요.
I **thought** so. 그럴 거 같았어.

---

* **I will miss you so much.** 많이 그리울 거예요.
I **miss** him terribly. 나는 그가 몹시 그립다.

May **15** **15th**

Hang on.

잠깐만.

집에 왔는데 아무도 없어요. 이런 날이 가장 기분 좋아요. 내 마음대로 소파에 벌러덩 누워 텔레비전을 볼 수 있거든요. 그때 오빠가 불쑥 문을 열고 들어오는 소리가 들렸어요. "헉, 잠깐만! 아직 들어오지 마!" 잽싸게 텔레비전을 꺼 버렸어요. 휴우, 다행이다.

오늘의 단어

- **hang on** (남에게 하는 말로) 잠깐 기다려, 멈춰봐

오늘의 응용 표현

Hang on, I'm not quite ready.
잠깐만 기다려, 나는 아직 준비가 안 됐어.

August **17** **17th**

I will miss you so much.

많이 그리울 거예요.

고모가 다시 미국으로 돌아가신대요. 아빠와 함께 공항에 배웅을 갔는데 서운해서 눈물이 날 것 같았어요. 비행기를 타러 들어가는 고모는 저를 꼭 안아주었어요. 저도 고모에게 속삭였어요. "고모, 많이 그리울 거예요."

오늘의 단어
- miss [동사] 그리워하다

오늘의 응용 표현

I miss him terribly.
나는 그가 몹시 그립다.

May  **16th**

Have fun.

재밌게 놀아.

 친구들을 다섯 명이나 우리 집에 데리고 왔어요. 오늘은 우리 집에서 파자마 파티를 하기로 한 날이거든요. 엄마는 우리가 먹을 맛있는 간식을 준비해주시고는 문을 닫으며 "재밌게 놀아" 하고 나가셨어요. 엄마, 최고!

오늘의 단어
- **fun** [명사] 재미, 장난, 즐거움

오늘의 응용 표현

This game looks fun!
이 게임 재미있을 것 같아!

August　　　**16**　　　16th

I haven't thought of it yet.

아직 생각 안 해봤어요.

큰 이모는 만날 때마다 커서 뭐가 되고 싶은지 꿈을 물어보세요. 사실, 저도 어릴 땐 꿈이 있었다고요. 지금은? 없어요. 뭐가 되어야 할지, 뭐가 되고 싶은지 잘 모르겠어요. 이모가 물어보면 저는 그냥 "아직 생각 안 해봤어요"라고 대답해버려요.

오늘의 단어
- **thought** [동사] think(생각하다)의 과거·과거분사

오늘의 응용 표현

I thought so.
그럴 거 같았어.

May — **17** — **17th**

Let's get the ball rolling!

이제 슬슬 시작해볼까!

아빠를 따라 셀프 세차장에 갔어요. 세차장에 어찌나 차가 많은지 줄을 서서 기다려야 할 정도였어요. 한참을 기다리고 드디어 우리 차례가 왔어요. 아빠는 트렁크에서 세차용품을 꺼내 들고는 저를 보고 씩 웃으며 말씀하셨어요. "이제 슬슬 시작해볼까?"

오늘의 단어
- **roll** [동사] 구르다, 굴러가다(오다)

오늘의 응용 표현

Roll up! Roll up!
(지나가는 사람들에게 하는 말로) 이리 모이세요! 이리 모이세요!

August  **15th**

Do your best!
열심히 해!

오늘 체육시간에 옆 반과 이어달리기 시합을 했어요. 저는 달리기는 빠르지 않지만 응원만큼은 자신이 있어요. 그래서 큰 소리로 응원을 했어요. 우리 반 마지막 주자는 라이언. 어쩜 라이언은 달리기도 잘하는 걸까요? "라이언, 열심히 달려!"

오늘의 단어

- **best** [형용사] 최상(최고)의, 제일 좋은

오늘의 응용 표현

The best of the best!
우와, 역대급이다!

May — **18** — **18th**

He is just history to me.

그는 저에게 그저 지난 일이에요.

오늘 좀 이상한 일이 있었어요. 점심을 먹고 교실에서 놀고 있는데 라이언이 다가오더니 "너, 빌리랑 사귄 적 있다며?"라고 하더라고요. 이런, 어떻게 알았을까요? 하지만 저는 침착하게 대답했어요. "걔와의 일은 다 지난 일이야." 하, 라이언은 왜 이런 걸 묻는 걸까요?

오늘의 단어
- history [명사] 역사

오늘의 응용 표현
My dark history.
내 흑역사

August  14th

Sure I will.

당연히 그렇게 할 거예요.

엄마한테 혼났어요. 학원 숙제를 안 해갔는데 학원 선생님이 엄마한테 다 말씀드렸더라고요. 훌쩍훌쩍 울면서 반성문을 쓰고, 용서를 빌고, 이제 열심히 하겠다고 결심도 했어요. 정말이에요. 당연히 그렇게 할 거예요.

오늘의 단어
- **will** [조동사] [동사] (1인칭 주어와 함께 쓰여, 말하는 이의 의지를 나타냄) …할 작정이다, …하겠다

오늘의 응용 표현

Will you be there?
너 거기 올 거니?

May  **19th**

 오늘은 그동안 배운 문장을 가족과 함께 복습해볼게요.

* **Hang loose.** 긴장 풀어.
  It's **loose** here. 여기는 널널해요.

---

* **Hang on.** 잠깐만.
  Hang on, I'm not quite ready.
  잠깐만 기다려, 나는 아직 준비가 안 됐어.

---

* **Have fun.** 재밌게 놀아.
  This game looks **fun**! 이 게임 재미있을 것 같아!

---

* **Let's get the ball rolling!** 이제 슬슬 시작해볼까!
  Roll up! Roll up!
  (지나가는 사람들에게 하는 말로) 이리 모이세요! 이리 모이세요!

---

* **He is just history to me.**
  그는 저에게 그저 지난 일이에요.
  My dark **history**. 내 흑역사

August   **13**   **13th**

Just kidding.
농담이야.

라이언이 심각한 표정으로 "나 전학 간다"라고 말했어요. 오, 마이, 갓! 뭐라고? 전학을 간다고? 너무 놀라고 섭섭한 마음에 "안 가면 안 돼?"라고 했는데, 라이언이 "농담이야!"라고 말하며 도망갔어요. 괜히 제 마음만 들켜버린 것 같아요.

오늘의 단어
- **kid** [동사] 농담하다 (= joke)

오늘의 응용 표현

Are you kidding me?
너 지금 나랑 장난하냐?

May  **20th**

 그동안 배웠던 문장 중 하나를 골라 가볍게 대화해볼까요?
(꼭 아래 문장이 아니어도 좋습니다.)

Ryon

Do you know him well?

너 걔를 잘 알아?

Sally

He is just history to me.

예전에 그랬지만, 지금은 아니야.

August 12 12th

 그동안 배웠던 문장 중 하나를 골라 가볍게 대화해볼까요?
(꼭 아래 문장이 아니어도 좋습니다.)

Daddy

You look different today.

오늘 좀 달라 보이네?

Sally

I got pimples on my face.

얼굴에 여드름이 났거든요.

May   **21**   **21st**

I got lost.
나 길을 잃었어.

오늘 우리 반은 현장 체험학습을 갔어요. 민속 박물관에 가서 신나게 구경을 하다가 정신을 차려 보니 우리 반 아이들이 하나도 보이지 않았어요. 이런, 어쩌죠? 그런데 저는 왜 라이언만 떠오를까요? "라이언, 나 길을 잃었어!"

오늘의 단어
- **lost** [형용사] 길을 잃은

오늘의 응용 표현

The child was lost and began to whimper.
아이는 길을 잃고 훌쩍이기 시작했다.

August  11th

 오늘은 그동안 배운 문장을 가족과 함께 복습해볼게요.

* **Have your breakfast.** 아침 먹어라.
Did I have **breakfast**? 나 아침 먹었나?

---

* **I didn't mean it.** 그럴 뜻은 아니었어요.
What do you **mean**? 그게 무슨 뜻이니?

---

* **Look who's here!** 이게 누구야!
Look, he walked! 어머 보세요, 아이가 걸었어요!

---

* **I got pimples on my face.**
나 얼굴에 여드름 났어.

His face broke out in **pimples**. 그 사람은 얼굴에 여드름이 났다.

---

* **Same here.** 동감이야.
He used the very **same** words.
그도 정확히 똑같은 단어들을 사용했다.

May  **22nd**

Hey!
Read the table!
야! 눈치 좀 챙겨!

하여간 빌리는 너무 눈치가 없어요. 제가 지난번에 라이언에게 빌리랑은 정말 아무 사이도 아니었다고, 지금은 인사도 안 하고 지낸다고 몇 번이나 말했는데 라이언 앞에서 또 저와 관련된 지난 얘기를 꺼내는 거 있죠. "빌리야, 집에 안 가니?"

- **read** [동사] (글·기호 등을) 읽다(판독하다)

오늘의 응용 표현

I can read her feeling.
나는 그녀의 마음을 읽을 수 있다.

August — **10** — **10th**

Same here.
동감이야.

누군가 제 방에 들어올 때는 항상 노크를 해야 한다는 규칙을 만들어서 방문에 써 붙여놓았어요. 허락도 없이 벌컥벌컥 문을 열고 들어오는 게 너무 싫거든요. 기껏 규칙을 정해서 예쁘게 써 붙여놨더니 거기다 오빠가 낙서를 해놨지 뭐예요. '동감이야.'

오늘의 단어
- **same** [형용사] (똑)같은, 동일한(동일한 하나를 가리킴)

오늘의 응용 표현

He used the very same words.
그도 정확히 똑같은 단어들을 사용했다.

May  **23rd**

Squeeze your head!
머리 좀 쥐어짜봐!

이번 음악 수행평가는 짝과 함께 음악에 맞추어 율동을 짜는 거예요. 이런 수행평가 정말 싫어요. 하지만 좋은 점수를 받으려면 어쩔 수 없죠. 짝꿍인 제니와 머리를 쥐어짜며 간신히 완성했어요. 그런데 막상 하고 보니 재미없진 않네요.

오늘의 단어
- **squeeze** [동사] (특히 손가락으로 꼭) 짜다(쥐다)

오늘의 응용 표현

Give the tube another squeeze.
튜브를 한 번 더 짜봐.

August   **9**   9th

I got pimples on my face.

나 얼굴에 여드름 났어.

요즘 얼굴에 뾰족뾰족하고 울긋불긋한 것들이 나기 시작했어요. 여드름인가 봐요. 벌써 여드름이 난다고 오빠는 또 저를 엄청나게 놀려대겠죠? 오빠 얼굴에는 여드름이 없는지 자세히 살펴봐야겠어요. 저도 놀릴 거리가 필요하거든요!

오늘의 단어
- **pimple** [명사] 여드름
- **face** [명사] 얼굴

오늘의 응용 표현

His face broke out in pimples.
그 사람은 얼굴에 여드름이 났다.

May  24th

How about you?
너는 어때?

친구들이 이번 주말에 놀이터에서 만나 떡볶이를 먹으러 가자고 하네요. 오호, 좋아라. 우리는 모두 세 명인데요, 친구들이 더 많으면 재미있을 것 같아 제니와 아이린에게도 물어봤어요. "우리 떡볶이 먹으러 갈 건데, 너희는 어때? 같이 갈래?"

 오늘의 단어
- **about** [전치사] …에 대한

 오늘의 응용 표현

A documentary film about the war.
전쟁에 대한 다큐멘터리 영화.

August  **8th**

Look who's here!
이게 누구야!

마트에서 엄마랑 열심히 카트를 끌고 있는데 갑자기 누가 저를 툭 치면서 인사를 하네요. 어머, 이게 누구야! 작년에 전학 간 소피잖아! 우리는 너무 반가워서 사람들이 쳐다보는 것도 모르고 크게 소리를 질러버렸어요.

오늘의 단어

- **look** [동사] 보다, 바라(쳐다)보다

오늘의 응용 표현

Look, he walked!
어머 보세요, 아이가 걸었어요!

May  **25th**

Just a moment.
잠깐만요.

"자, 이 문장의 뜻을 큰 소리로 말해볼 사람?" 오랜만에 자신 있는 내용이 나와서 손을 번쩍 들었어요. 그런데, 어쩌죠. 발표를 하기 위해 일어선 순간 머릿속이 새하얘지면서 아무것도 생각나지 않는 거 있죠. "선생님, 자, 잠깐만요."

 오늘의 단어
- **moment** [명사] 잠깐, 잠시

 오늘의 응용 표현

This is the proudest moment of my life.
제 생애에서 가장 자랑스러운 순간입니다.

August  **7th**

I didn't mean it.
그럴 뜻은 아니었어요.

선생님께 오해를 받아서 속상한 날이에요. 우리 모둠에서 학습지를 풀어서 가져다 내야 하는데, 다들 저보고 모아서 내라고 하기에 제가 들고 나갔거든요. 그런데 알고 보니, 선생님이 모둠장에게 시킨 일이라고 하셨어요. 저를 보고 왜 네가 들고 왔냐고 하시네요. 잘 몰랐어요. 선생님의 지시를 어길 뜻은 아니었다고요.

오늘의 단어
- **mean** [동사] (특별한 의도를 담아) …뜻으로 말하다

오늘의 응용 표현

What do you mean?
그게 무슨 뜻이니?

May  **26th**

 오늘은 그동안 배운 문장을 가족과 함께 복습해볼게요.

* **I got lost.** 나 길을 잃었어.
  The child was **lost** and began to whimper.
  아이는 길을 잃고 훌쩍이기 시작했다.

---

* **Hey! Read the table!** 야! 눈치 좀 챙겨!
  I can **read** her feeling. 나는 그녀의 마음을 읽을 수 있다.

---

* **Squeeze your head!** 머리 좀 쥐어짜봐!
  Give the tube another **squeeze**. 튜브를 한 번 더 짜봐.

---

* **How about you?** 너는 어때?
  A documentary film **about** the war. 전쟁에 대한 다큐멘터리 영화.

---

* **Just a moment.** 잠깐만요.
  This is the proudest **moment** of my life.
  제 생애에서 가장 자랑스러운 순간입니다.

August  **6th**

Have your breakfast.

아침 먹어라.

 아침에 일어나면 밥맛이 하나도 없는데 아빠는 항상 큰 소리로 저를 깨우면서 아침밥을 먹으라고 하세요. 그런다고 제가 꿈쩍이나 할 것 같아요? 절대 일어나지 않을 거예요!

오늘의 단어
- **breakfast** [명사] 아침(밥), 아침 식사

오늘의 응용 표현

Did I have breakfast?
나 아침 먹었나?

May   **27**   **27th**

 그동안 배웠던 문장 중 하나를 골라 가볍게 대화해볼까요?
(꼭 아래 문장이 아니어도 좋습니다.)

Teacher

Sally, can you tell me the meaning of this sentence?

샐리, 이 문장의 의미를 말해줄 수 있을까?

Sally

Just a moment.

잠깐만요, 선생님.

August  5th

 그동안 배웠던 문장 중 하나를 골라 가볍게 대화해볼까요?
(꼭 아래 문장이 아니어도 좋습니다.)

Harry
I'm hungry to death.

나 배고파 죽을 것 같아.

Sally
Go ahead to wash.

어서 가서 씻어.

May  **28th**

You know what.

있잖아.

오늘은 사회 시간에 모둠별로 스피드 퀴즈 대회를 했어요. 모둠에서 한 명이 퀴즈를 내면 다른 아이들이 정답을 맞히고 정해진 시간 동안 가장 많이 맞힌 모둠이 우승을 하는 거예요. 우리 모둠 대표로 나간 빌리는 내내 "있잖아, 그거 뭐더라"만 하다가 끝났지 뭐예요.

오늘의 단어
- **know** [동사] 알다, 알고 있다

I know you did it.
나는 네가 했다는 걸 알고 있다.

August  4th

 오늘은 그동안 배운 문장을 가족과 함께 복습해볼게요.

* **Let's meet at the park.** 공원에서 만나자.
Can you **meet** me tonight? 오늘 밤에 만날 수 있니?

---

* **I have been looking forward to meeting you.** 당신을 만나기를 기다려왔어요.
I **look forward** to seeing you again.
당신을 다시 뵙기를 기대합니다.

---

* **Will you please have him call me back?** 전화하라고 전해주시겠어요?
Please, **call** me back! 꼭 다시 전화해주세요!

---

* **That was a lousy movie.** 그 영화는 별로였어.
That car is **lousy**. 그 차는 너무 후지다.

---

* **Go ahead to wash.** 어서 가서 씻어.
Wash the blouse in warm soapy water.
그 블라우스는 따뜻한 비눗물에 씻어라.

May  29th

How have you been?

어떻게 지냈어요?

 영국에 살고 계신 고모네 가족이 한국에 오셨어요. 우리는 공항에 마중 나갔어요. 오랜만에 만났지만 저 멀리서도 한눈에 고모네 가족을 알아볼 수 있었어요. 우리는 서로 같은 인사말을 하고는 깔깔 웃었죠. "다들 어떻게 지냈어요?"

오늘의 단어
- **have** [동사] 가지다, 있다, 소유하다
  [조동사] 과거분사와 함께 완료형을 형성함

오늘의 응용 표현
It couldn't have been me.
그게 나였을 리 없어.

August 3 3rd

Go ahead to wash.
어서 가서 씻어.

집에 뛰어 들어와 식탁 위에 있는 반찬을 손으로 집어 먹는 오빠. 정말 지저분해서 못 봐주겠어요. 좋아요. 손으로 먹는 것까지는 이해하겠어요. 하지만 인간적으로 손은 좀 씻고 먹어야 하는 거 아닌가요? 어서 가서 씻어, 제발 좀!

오늘의 단어
- **wash** [동사] (보통 비누를 써서) 씻다

오늘의 응용 표현

Wash the blouse in warm soapy water.
그 블라우스는 따뜻한 비눗물에 씻어라.

May   **30**   **30th**

Keep it confidential.

비밀로 해줘.

빌리가 심각한 얼굴로 저에게 와서는 할 말이 있대요. '빌리가 혹시 아직도 나를 좋아한다고 하면 어쩌지?' 긴장하고 있는데, 어제 학원 땡땡이친 걸 엄마에게 들킨 것 같다지 뭐예요. 오늘 집에 가면 엄청 혼날 것 같다면서요. 이런 얘길 왜 하는 거죠? 그리고 마지막으로 당부한 말. "내가 한 말은 모두 비밀로 해줘."

오늘의 단어
- **confidential** [형용사] 비밀(기밀)의

오늘의 응용 표현

Your medical records are strictly confidential.
당신의 의료 기록은 엄격한 비밀입니다.

August　　　2　　　2nd

That was a lousy movie.

그 영화는 별로였어.

오랜만에 가족들과 영화를 보러 갔어요. 극장에서 영화를 본다는 생각에 들떠 있었죠. 그런데 안타깝게도 영화가 너무 재미없었어요. 엄마는 보다가 잠들기까지 했다니까요. 엄마가 살짝 코를 고는 것 같기도 했어요. 아, 창피해!

오늘의 단어
- **lousy** [형용사] (아주) 안 좋은, 엉망인
- **movie** [명사] 영화

That car is lousy.
그 차는 너무 후지다.

May   31   **31st**

I can handle it.
내가 할 수 있어.

이번 주가 우리 모둠 발표 차례인데 다들 왜 이렇게 태평한 걸까요? 발표 준비는 대충 끝났지만, 가장 중요한 발표자를 아직 정하지 못했는데 말이에요. 혼자 걱정하고 있던 그때 라이언이 아무렇지 않은 표정으로 "내가 할게, 내가 할 수 있어"라고 말하네요. 얘 뭐죠? 아, 진짜. 심장아, 나대지 마.

오늘의 단어
- **handle** [동사] (상황/사람/작업/감정을) 다루다(다스리다, 처리하다)

오늘의 응용 표현

She's a difficult horse to handle.
그 말은 부리기 힘든 말이다.

August　　**1**　　**1st**

Will you please have him call me back?

전화하라고 전해주시겠어요?

엄마가 샤워하고 있는데 엄마 전화기가 울렸어요. 오, 제가 좋아하는 막내 이모예요. 이모와 수다를 한참 떨고 난 후, 이모가 이렇게 말했어요. "샐리야, 엄마 샤워 끝나면 이모한테 전화하라고 전해줄래?" 그럼요, 이모!

오늘의 단어
- **call** [동사] 전화하다

오늘의 응용 표현

Please, call me back!
꼭 다시 전화해주세요!

6 June

8 August

June **1** **1st**

Just about.
거의.

저는 숙제를 거의 다 마쳐갈 때쯤이 가장 하기 싫은 순간인 것 같아요. 처음 시작할 때는 그래도 열심히 잘해야겠다고 생각하는데 끝나갈 때쯤이 되면 어서 마치고 놀고 싶은 마음뿐이거든요. '아, 오늘도 그럭저럭 숙제를 거의 마쳤구나!'

오늘의 단어
- **just** [부사] ('정확히'라는 뜻의) 딱(꼭)

오늘의 응용 표현
I'm just about ready.
난 거의 준비가 다 되어간다.

July   31   **31st**

I have been looking forward to meeting you.

당신을 만나기를 기다려왔어요.

아주 오랜만에 할머니 댁에 갔어요. 할머니 댁은 제주도라서 자주 갈 수 없거든요. 할머니는 제주 공항에서 우리 가족을 기다리고 계셨어요. 할머니, 제가 할머니를 얼마나 많이 그리워했는지 모르시죠?

오늘의 단어
- **look forward** [동사] ~을 고대하다

오늘의 응용 표현
I look forward to seeing you again.
당신을 다시 뵙기를 기대합니다.

June 2nd

 오늘은 그동안 배운 문장을 가족과 함께 복습해볼게요.

* **You know what.** 있잖아.
  I **know** you did it. 나는 네가 했다는 걸 알고 있다.

---

* **How have you been?** 어떻게 지냈어요?
  It couldn't **have been** me. 그게 나였을 리 없어.

---

* **Keep it confidential.** 비밀로 해줘.
  Your medical records are strictly **confidential**.
  당신의 의료 기록은 엄격한 비밀입니다.

---

* **I can handle it.** 내가 할 수 있어.
  She's a difficult horse to **handle**. 그 말은 부리기 힘든 말이다.

---

* **Just about.** 거의.
  I'm **just** about ready. 난 거의 준비가 다 되어간다.

July   **30**   **30th**

Let's meet at the park.

공원에서 만나자.

친한 친구들끼리 만나는 비밀 장소가 있어요. 공원에 있는 작은 동상 옆 나무 아래예요. 구체적으로 어디인지는 비밀이기 때문에 우리는 '공원'이라고만 해요. 이번 주말에도 그 공원에서 만나기로 약속했어요.

오늘의 단어
- **meet** [동사] (공식적인 논의를 위해) 만나다(모이다)
- **park** [명사] 공원

오늘의 응용 표현

Can you meet me tonight?
오늘 밤에 만날 수 있니?

June  **3rd**

 그동안 배웠던 문장 중 하나를 골라 가볍게 대화해볼까요?
(꼭 아래 문장이 아니어도 좋습니다.)

Sally

Who will present this?

이거 누가 발표하면 좋을까?

Ryon

I can handle it.

내가 할 수 있어.

July   **29**   **29th**

 그동안 배웠던 문장 중 하나를 골라 가볍게 대화해볼까요?
(꼭 아래 문장이 아니어도 좋습니다.)

Sally

Which do you like?

어떤 걸 좋아하니?

Ryon

Make that two please.

저도 같은 거로 주세요.

June **4** **4th**

I can't afford that.

감당 못 할 것 같아요.

 제니가 가족 여행을 간다면서, 혹시 강아지를 일주일 동안 맡아줄 수 있냐고 물어보네요. 마음속으로 정말 기뻤지만, 한참을 고민하다가 결국 거절하고 말았어요. 제가 강아지를 귀여워하는 건 맞지만 제대로 돌볼 자신은 없거든요. 아아, 너무 아쉬워요.

오늘의 단어
- **afford** [동사] (…을 살·할·금전적·시간적) 여유(형편)가 되다

오늘의 응용 표현
I can't afford to get sick.
나는 지금 아플 수도 없다.

July  **28th**

 오늘은 그동안 배운 문장을 가족과 함께 복습해볼게요.

* **I've had enough.** 어우, 배불러.
It's **enough**, it's enough! 충분해, 충분해!

---

* **Something has me worried these days.** 나 요즘 고민 있어.
Don't look so **worried**! 너무 그렇게 걱정스러운 표정 짓지 마!

---

* **How's it going?** 요즘 어떻게 지내니?
How are you? 어떻게 지내니? (같은 의미의 다른 표현)

---

* **You can count on that.** 기대해도 좋아요.
Don't **count on** it. 너무 기대하지 마.

---

* **Make that two please.** 같은 걸로 두 개 주세요.
Two weeks 2주간

June  **5th**

I'm not sure.

글쎄, 잘 모르겠어.

 제니는 제가 질문을 할 때마다 잘 모르겠다는 대답을 자주 해요. 제가 보기에 제니는 엄청 똑똑하고 아는 것도 많은데 말이죠. 제니는 정말 모르는 걸까요, 겸손한 걸까요, 알지만 설명해주기 귀찮은 걸까요? 그것도 아니라면 혹시 제가 질문이 너무 많은 걸까요?

오늘의 단어
- **sure** [형용사] 확신하는, 확실히 아는

오늘의 응용 표현
It's sure to rain.
분명히 비가 올 것이다.

July　　　**27**　　　27th

Make that two please.

같은 걸로 두 개 주세요.

우리 엄마랑 라이언 엄마는 친하셔서 가끔 넷이서 만날 때가 있어요. 제가 가장 손꼽아 기다리는 만남이에요. 라이언 엄마가 아이스크림을 사주신다고 하셨어요. 제가 먼저 골랐는데, 옆에 있던 라이언이 "같은 걸로 두 개 주세요"라고 하더라고요. 우리는 아이스크림 취향까지 같은가 봐요.

오늘의 단어
- **two** [수사] 2, 둘

오늘의 응용 표현

Two weeks
2주간

June  6th

I don't get it.
잘 이해가 안 돼요.

 엄마가 앉아보라고 하더니 왜 영어를 열심히 공부해야 하는지 한참을 설명하셨어요. 하지만 저는 엄마가 얘기한 대로 미국으로 유학 갈 마음도 없고, 외국인 친구를 사귈 마음도 없고, 영어로 글을 쓸 일도 없을 것 같은데. 정말이지, 잘 이해가 안 돼요.

오늘의 단어
- **do not** …아니다(않다)
- **don't** do not의 축약형

 **I don't mind the cold.**
추운 건 상관없어요.

July　　　**26**　　　26th

You can count on that.

기대해도 좋아요.

이번 시험은 정말 많이 준비했어요. 엄마는 늘 제 공부량이 부족하다고 하지만 이번만큼은 자신 있어요. 기대해도 좋아요. 큰소리를 쳐놓고 실망시키면 안 되겠지만, 얼마나 열심히 준비했는지는 결과를 보면 알게 될 거예요!

오늘의 단어
- **count on** [동사] 기대하다

오늘의 응용 표현

Don't count on it.
너무 기대하지 마.

June      7th

Well, I doubt it.
그건 아닌 것 같은데요.

 엄마한테 수학 문제를 여쭤봤거든요. 엄마는 자신 있는 표정으로 한참을 설명해주셨는데, 아무래도 이해가 안 되더라고요. 나중에 답안지를 확인해보니 엄마의 설명이 틀렸지 뭐예요. 어른도 틀릴 수 있다는 걸 알게 되어 신기했어요.

오늘의 단어
- **doubt** [동사] 확신하지 못하다, 의심하다, 의문(의혹)을 갖다

오늘의 응용 표현

I doubt the value of the things.
나는 그 물건들의 가치가 의심스럽다.

July 25 25th

How's it going?
요즘 어떻게 지내니?

빌리는 저만 보면 요즘 어떻게 지내냐고 물어봐요. 매일 보는데도 말이에요. 요즘 어떻게 지내냐면 말이죠. 학교에 갔다가 학원에 가요. 집에 와서 숙제하고 밥 먹고 텔레비전을 보면 자야 할 시간이에요. 하루하루가 똑같죠. 뭐, 그래도 매일 이렇게 안부를 물어봐 주는 친구가 싫진 않네요.

오늘의 단어
- how [부사] 어떻게

오늘의 응용 표현
How are you?
어떻게 지내니? (같은 의미의 다른 표현)

June  8th

I gotta go now.
전 이제 가봐야 해요.

오랜만에 엄마 친구인 레이첼 이모가 놀러오셨어요. 일찍 오신다고 했는데 우리가 저녁을 다 먹은 후에야 도착하셔서 아주 잠깐만 계시다가 곧 일어나셨어요. 레이첼 이모가 아쉬운 표정으로 이제 가봐야 한다고 하시는데, 너무 서운했어요.

오늘의 단어

- **gotta** have got to나 have got a를 비격식으로 쓴 형태

*비격식: 격식을 지키지 않아도 되는 친구, 가족, 동료 등 막역한 사이에서 사용할 수 있는 말을 뜻함.

오늘의 응용 표현

So we gotta wrap up.
이제 슬슬 마무리를 해야 될 것 같아요.

July   **24**   **24th**

Something has me worried these days.

나 요즘 고민 있어.

도서관에서 책을 읽고 있는데 라이언이 옆에 와서 앉았어요. "샐리, 나 요즘 고민이 있어. 좋아하는 여자애가 생겼는데 고백을 해야 할까?" 순간 너무 서운해서 눈물이 날 것 같았어요. 라이언은 도대체 누구를 좋아하고 있을까요?

오늘의 단어

- **worried** [형용사] 걱정(우려)하는, 걱정스러워하는

오늘의 응용 표현

Don't look so worried!
너무 그렇게 걱정스러운 표정 짓지 마!

June

9th

 오늘은 그동안 배운 문장을 가족과 함께 복습해볼게요.

* ## I can't afford that. 감당 못 할 것 같아요.
  I can't **afford** to get sick. 나는 지금 아플 수도 없다.

---

* ## I'm not sure. 글쎄, 잘 모르겠어.
  It's **sure** to rain. 분명히 비가 올 것이다.

---

* ## I don't get it. 잘 이해가 안 돼요.
  I **don't** mind the cold. 추운 건 상관없어요.

---

* ## Well, I doubt it. 그건 아닌 것 같은데요.
  I **doubt** the value of the things.
  나는 그 물건들의 가치가 의심스럽다.

---

* ## I gotta go now. 전 이제 가봐야 해요.
  So we **gotta** wrap up. 이제 슬슬 마무리를 해야 될 것 같아요.

July　**23**　**23rd**

I've had enough.

어우, 배불러.

아빠는 저만 보면 더 먹으라고 성화예요. 저는 또래보다 조금 작은 키에 빼빼 말랐거든요. 아빠는 제가 이렇게 조금 먹으면 키가 더 자라지 않을 거라면서 밥을 다 먹고 나면 꼭 과일을 깎아주세요. "어우, 배불러. 아빠, 얼마나 더 먹으라는 거예요?"

오늘의 단어
- **enough** [한정사] [대명사] 필요한 만큼의(충분한)

오늘의 응용 표현

It's enough, it's enough!
충분해, 충분해!

June 10 10th

 그동안 배웠던 문장 중 하나를 골라 가볍게 대화해볼까요?
(꼭 아래 문장이 아니어도 좋습니다.)

Rachel
I gotta go now.
이제 가봐야 해.

Sally
I will miss you.
보고 싶을 거예요, 레이첼 이모.

July  **22nd**

 그동안 배웠던 문장 중 하나를 골라 가볍게 대화해볼까요?
(꼭 아래 문장이 아니어도 좋습니다.)

Uncle

We have talked of you often.

우리는 너에 관해 자주 얘기를 나눴어.

Sally

Do you know me?

그럼 저를 아세요?

June　　　**11**　　　11th

I've had enough.
I quit.

할 만큼 했어요. 그만둘래요.

수영을 배우면 튼튼해진다는 아빠의 강력한 추천으로 무려 삼 년이나 수영장에 다녔어요. 삼 년 동안 열심히 배웠더니 이제는 수영을 제법 잘한답니다. 대회에서 메달을 딴 적도 있는걸요. 이 정도면 이제 수영은 할 만큼 한 것 같아요. 그만 둘래요.

오늘의 단어
- **quit** [동사] 비격식 (직장·학교 등을) 그만두다

오늘의 응용 표현

If I don't get more money, I'll quit.
내가 돈을 더 받지 못한다면 그만두겠어요.

July  **21st**

 오늘은 그동안 배운 문장을 가족과 함께 복습해볼게요.

* ### Have you ever been to Seoul?
  서울에 와본 적이 있니?

  Nothing **ever** happens here.
  여기에서는 (한번도) 무슨 일이 생기는 법이 없다.

---

* ### What impressed you the most about Korea? 한국의 어떤 점이 가장 인상적이에요?

  I'm not very **impressed**. 별로 감명 깊지 않아요.

---

* ### You will get used to it in no time.
  금방 적응할 거야.

  He can't **get used** to working nights.
  그는 밤에 일하는 데는 익숙해지지 않는다.

---

* ### We have talked of you often.
  우리는 너에 관해 자주 얘기를 나눴어.

  I smile **often**. 나는 자주 웃는다. (웃음이 많다.)

---

* ### So what? 그래서 어쩌라고?

  So what do you think? 그래서 넌 어떻게 생각해?

June 12 12th

I hardly know of him.

잘 모르는 사람인데요.

 어제 교실에서 친구들이 새로운 아이돌 가수 사진을 보여주면서 너무 멋지다고 소리를 질러대더라고요. 제 사랑은 오직 BTS이기 때문에 다른 가수에게는 관심이 없어요. 저는 새로운 그 가수를 잘 몰라요. 알고 싶지도 않고요.

오늘의 단어
- **hardly** [부사] 거의…아니다

오늘의 응용 표현

It hardly rained at all last summer.
지난 여름에는 비가 거의 안 왔다.

July  **20th**

So what?

그래서 어쩌라고?

요즘 보는 동화책이 있는데요, 내용이 좀 웃겨요. 정확히 말하자면 웃기다기보다 허무해요. 끝났는데, 끝난 것 같지 않아요. 책을 다 읽고 덮으면서 저도 모르게 터져 나온 말이 있어요. "그래서 어쩌라고?"

 오늘의 단어
- **SO** [접속사] 그래서, 그러므로, …이므로

 **오늘의 응용 표현**
So what do you think?
그래서 넌 어떻게 생각해?

June **13** **13th**

I have no appetite.

입맛이 없어요.

학원 끝나고 집에 오다가 제니랑 아이스크림을 사 먹었어요. 아이스크림은 엄마 몰래 먹을 때가 가장 맛있어요. 그렇게 먹고 나니 저녁을 먹을 시간이 되었는데 입맛이 하나도 없는 거예요. 저녁을 먹는 둥 마는 둥 하다가 하마터면 엄마에게 아이스크림 먹은 걸 들킬 뻔했지 뭐예요.

오늘의 단어
- **appetite** [명사] 식욕

오늘의 응용 표현

The walk gave me a good appetite.
그렇게 걷고 나니 밥맛이 좋았다.

July 19 19th

We have talked of you often.

우리는 너에 관해 자주 얘기를 나눴어.

고모부는 미국인이에요. 오늘은 용기를 내어 고모부와 영상 통화를 하게 되었어요. 영어를 잘하지 못하니까 어떤 말을 해야 할지 몰라 머뭇거리는데 고모부께서 환한 얼굴로 먼저 말을 걸어주셨어요. "샐리, 고모와 나는 너에 관해 자주 얘기를 나눈단다." 정말요?

오늘의 단어
- **often** [부사] 자주

오늘의 응용 표현

I smile often.
나는 자주 웃는다. (웃음이 많다.)

June  14th

Let me see.

어디 보자.

 할아버지는 제가 뭘 여쭤볼 때마다 항상 "어디 보자"라는 대답을 먼저 하세요. 뭘 더 보시겠다는 건지 잘 모르겠지만, 저는 할아버지의 "어디 보자"라는 대답이 너무 좋아요. 그 말이 듣고 싶어서 자꾸 질문을 할 때도 있어요.

오늘의 단어
- **see** [동사] (눈으로) 보다, (보고) 알다, 목격하다

오늘의 응용 표현

When can I see you?
언제 너를 만날 수 있을까?

July — **18** — **18th**

You will get used to it in no time.

금방 적응할 거야.

줄넘기 학원에 가는 날, 친한 친구도 없고 줄넘기도 잘 못하니까 가기 싫어서 뭉그적거리고 있었어요. "엄마, 나 그냥 다시 수영 다닐까?" 엄마는 자신 있는 표정으로 대답하셨어요. "샐리, 걱정하지 마. 금방 적응될 거야." 과연 그럴까요?

오늘의 단어
- **get used** …에 익숙해지다

오늘의 응용 표현

He can't get used to working nights.
그는 밤에 일하는 데는 익숙해지지 않는다.

June **15** **15th**

I'm on duty.
근무 중입니다.

아빠한테 궁금한 게 있어서 전화를 걸었는데 전화를 받지 않으셨어요. 이상하다, 바쁘신가? 잠시 후 아빠에게서 메시지 한 통이 도착했어요. '근무 중입니다.' 아하, 아빠는 바쁘실 때마다 이렇게 메시지로 알려주세요. 아빠는 근무 중!

오늘의 단어
- **duty** [명사] (도덕적·법률적) 의무

오늘의 응용 표현
He is to be on night duty.
그는 야간 근무를 한다.

July   **17**   **17th**

What impressed you the most about Korea?

한국의 어떤 점이 가장 인상적이에요?

영어 학원에 갈 때마다 만나는 원어민 선생님이 계세요. 영국에서 오신 분인데요, 한국을 너무나 사랑하신대요. 오늘은 처음으로 용기를 내어 여쭤봤어요. "선생님은 한국의 어떤 점이 가장 인상적이에요?"

오늘의 단어
- **impressed** [형용사] 인상 깊게 생각하는, 감명(감동)을 받은
- **Korea** [고유명사] 한국

오늘의 응용 표현
I'm not very impressed.
별로 감명 깊지 않아요.

June  16th

 오늘은 그동안 배운 문장을 가족과 함께 복습해볼게요.

* ### I've had enough. I quit.
  할 만큼 했어요. 그만둘래요.

  If I don't get more money, I'll **quit**.
  내가 돈을 더 받지 못한다면 그만두겠어요.

---

* ### I hardly know of him. 잘 모르는 사람인데요.

  It **hardly** rained at all last summer.
  지난여름에는 비가 거의 안 왔다.

---

* ### I have no appetite. 입맛이 없어요.

  The walk gave me a good **appetite**.
  그렇게 걷고 나니 밥맛이 좋았다.

---

* ### Let me see. 어디 보자.

  When can I **see** you? 언제 너를 만날 수 있을까?

---

* ### I'm on duty. 근무 중입니다.

  He is to be on night **duty**. 그는 야간 근무를 한다.

July   **16**   **16th**

Have you ever been to Seoul?

서울에 와본 적 있니?

미국에 사는 고모와 영상 통화를 했어요. 고모 집에는 귀여운 세 살짜리 사촌동생이 있는데요, 최근에 제법 말을 잘하게 되었어요. 오늘은 그 귀염둥이랑 영상 통화를 하면서 이렇게 물어봤어요. "너, 서울에 와본 적 있니?"

오늘의 단어
- **ever** [부사] 어느 때고, 언제든, 한번이라도
- **Seoul** [고유명사] 서울(대한민국 수도)

오늘의 응용 표현

Nothing ever happens here.
여기에서는 (한번도) 무슨 일이 생기는 법이 없다.

June  17th

 그동안 배웠던 문장 중 하나를 골라 가볍게 대화해볼까요?
(꼭 아래 문장이 아니어도 좋습니다.)

Sally

What are you doing, Daddy?

아빠 지금 뭐 하세요?

Daddy

I'm on duty.

일하고 있지.

July **15** **15th**

 그동안 배웠던 문장 중 하나를 골라 가볍게 대화해볼까요?
(꼭 아래 문장이 아니어도 좋습니다.)

Hanna

How do I address you?

널 어떻게 부르면 될까?

Sally

I'm Sally. Nice to meet you.

내 이름은 샐리야. 만나서 반가워.

June **18** **18th**

I'm afraid I can't.
미안, 그렇게 못 할 것 같아.

라이언이 부탁이 있대요. 여름 방학에 가족끼리 캠핑을 갈 건데, 같이 가자고 해요. 오오, 나에게 이런 부탁을? 그런데 어쩌죠. 저는 함께 캠핑을 못 갈 것 같아요. 저는 벌레를 너무 싫어해서 캠핑장에서는 잠을 이룰 수 없거든요. 속상해요.

오늘의 단어
- **afraid** [형용사] (어떤 일이 있을까 봐) 걱정하는(불안한)

오늘의 응용 표현
Are you afraid of spiders?
넌 거미가 무섭니?

July  **14th**

 오늘은 그동안 배운 문장을 가족과 함께 복습해볼게요.

* **Have you gotten over your cold?**
  감기는 다 나았니?
  I caught a **cold**. 감기에 걸렸어요.

---

* **How come you look so tired?**
  왜 그렇게 피곤해 보여요?
  You look **tired**. 너 피곤해 보인다.

---

* **Why are you in such a good mood?**
  왜 그렇게 기분이 좋아요?
  Such a baby. 완전 아기 같네.

---

* **I think I have seen you before.
  You look familiar.** 어디서 뵌 것 같은데요? 낯이 익어요.
  A **familiar** taste. 자주 먹던 익숙한 맛.

---

* **How do I address you?** 당신을 어떻게 부르면 될까요?
  Do you know his **address**? 그 사람 주소 아니?

June  19th

I wish I could go there.

거기 갈 수 있으면 좋겠다.

 친구들이랑 아이스크림을 먹으러 가기로 약속했는데, 아쉽게도 가지 못했어요. 갑자기 배탈이 났거든요. 모임이 끝나고 친구들에게서 배탈은 나아졌냐고 연락이 왔는데, 너무 아쉬웠어요. 저도 친구들과 아이스크림을 먹었다면 얼마나 좋았을까요?

오늘의 단어
- wish [동사] (가능성이 낮거나 불가능한 일을 바라며) …이면 좋겠다

오늘의 응용 표현

I wish I was taller.
나는 키가 더 컸으면 좋겠다.

July — **13** — **13th**

How do I address you?
당신을 어떻게 부르면 될까요?

새로운 학원에 다니게 되었어요. 수영을 그만두고 시작한 줄넘기 학원이에요. 그런데 어쩜 아는 애가 한 명도 없네요. 하지만 뭐, 또 잘 적응하겠죠? 옆줄에 있던 여자아이가 말을 걸어주었어요. 이름이 뭐냐고 묻네요. 이 아이, 왠지 좋은 느낌이 들어요.

오늘의 단어

- **address** [동사] 호칭을 쓰다, 호칭으로 부르다
  [명사] 주소

오늘의 응용 표현

Do you know his address?
그 사람 주소 아니?

June   20   **20th**

I'm short of change.

잔돈이 부족해요.

제니와 편의점에 갔어요. 우리는 번갈아서 한 번씩 서로 간식을 사주기로 했는데 오늘은 제가 사주는 날이에요. 그런데 오늘 고른 간식이 좀 비싸서 돈이 부족하지 뭐예요. 다행히 모자란 돈은 제니가 내주었어요. "제니, 고마워!"

오늘의 단어

- **short** [형용사] …이 부족한

오늘의 응용 표현

I'm short of coins.
동전이 부족하네요.

July   **12**   12th

I think I have seen you before.
You look familiar.

어디서 뵌 것 같은데요? 낯이 익어요.

제주에 다녀오는 길에 비행기를 탔어요. 그런데 우리 앞에 엄청나게 키가 큰 아저씨가 타고 계셨어요. '우와, 엄청 크다'라고 생각하며 자세히 보니, 이런! 이 아저씨는 텔레비전에서 봤던 바로 그 농구선수잖아요!

오늘의 단어
- **familiar** [형용사] 익숙한, 친숙한

오늘의 응용 표현

A familiar taste.
자주 먹던 익숙한 맛.

June **21** **21st**

Not so fast.
성급히 판단하지 마.

 올림픽 금메달에 도전한 우리나라 대표팀 선수들을 응원했어요. 그런데 어째 좀 심상치 않네요. 오늘의 금메달 도전은 아무래도 어려울 것 같아 보여요. "에이, 졌다, 졌어." 그러자 두 손을 모으고 간절히 응원하던 아빠가 이렇게 말씀하셨어요. "샐리, 성급히 판단하지 마."

오늘의 단어
- **fast** [부사] (짧은 시간에, 또는 지체 없이 해서) 빠른

오늘의 응용 표현

He's going too fast.
그는 너무 빨리 가고 있어.

July | 11 | 11th

Why are you in such a good mood?

왜 그렇게 기분이 좋아요?

엄마가 요 며칠 피곤해 보여서 걱정이었는데 오늘은 싱글벙글하시네요. 아빠가 선물한 꽃다발 때문일까요? 제가 어제 수학 단원평가를 백 점 맞아서 그런 걸까요? 그것도 아니라면 엄마의 목표였던 오 킬로그램 다이어트에 성공해서일까요? 엄마, 왜 그렇게 기분이 좋은 거예요?

오늘의 단어
- **such** [한정사, 대명사] (정도를 강조하여) 그 정도의

오늘의 응용 표현

Such a baby.
완전 아기 같네.

June  22nd

I'm sick of studying!
난 공부하는 게 지겨워!

 열심히 하고 있고, 할 만큼 하고 있다고 생각하는데, 왜 엄마는 저만 보면 더 열심히 하라고 하는 걸까요? 쉬고 싶을 때도 있고, 지겨울 때도 있지만 그래도 참고 열심히 하고 있는데 말이죠. 엄마가 그럴 때마다 다 그만두고 싶어져요. 공부하는 게 너무 지겨워요!

오늘의 단어
- **sick** [형용사] 메스꺼운, 토할 것 같은

오늘의 응용 표현

I feel sick!
나 토할 것 같아요!

July **10** 10th

How come you look so tired?

왜 그렇게 피곤해 보여요?

오늘 엄마가 좀 이상해요. 우리 엄마는 원래 엄청 활기차고 발랄하시거든요. 그런데 오늘은 말수도 적고, 표정도 어둡고, 무언가 심각한 분위기가 느껴져요. 무슨 일이 있는 걸까요? 아니면 그냥 피곤한 걸까요? 걱정돼요.

오늘의 단어
- **tired** [형용사] 피로한, 피곤한, 지친
- **look** [동사] 보다, 찾다

오늘의 응용 표현

You look tired.
너 피곤해 보인다.

June  23rd

 오늘은 그동안 배운 문장을 가족과 함께 복습해볼게요.

* **I'm afraid I can't.** 미안, 그렇게 못 할 것 같아.
  Are you **afraid** of spiders? 넌 거미가 무섭니?

---

* **I wish I could go there.** 거기 갈 수 있으면 좋겠다.
  I **wish** I was taller. 나는 키가 더 컸으면 좋겠다.

---

* **I'm short of change.** 잔돈이 부족해요.
  I'm **short** of coins. 동전이 부족하네요.

---

* **Not so fast.** 성급히 판단하지 마.
  He's going too **fast**. 그는 너무 빨리 가고 있어.

---

* **I'm sick of studying!** 난 공부하는 게 지겨워!
  I feel **sick**! 나 토할 것 같아요!

July   **9**   9th

Have you gotten over your cold?

감기는 다 나았니?

너무 아팠어요. 이렇게 독한 감기는 처음이에요. 온몸이 으슬으슬 떨리면서 눈물이 날 만큼 아팠어요. 이틀이나 학교에도 가지 못했어요. 간신히 나아서 학교에 가니 라이언이 걱정하며 아픈 건 다 나았는지 물어보네요. 물어봐줘서 고마워, 라이언.

오늘의 단어

- **cold** [명사] 감기

오늘의 응용 표현

I caught a cold.
감기에 걸렸어요.

June 24 24th

 그동안 배웠던 문장 중 하나를 골라 가볍게 대화해볼까요?
(꼭 아래 문장이 아니어도 좋습니다.)

Mom

Do your best in studying.

공부에 최선을 다해야 해, 샐리.

Sally

I'm sick of studying!

난 공부하는 게 지겹다고요!

July 8th

 그동안 배웠던 문장 중 하나를 골라 가볍게 대화해볼까요?
(꼭 아래 문장이 아니어도 좋습니다.)

Sally

What has kept you so busy?

너 요즘 뭐 하느라 그렇게 바빴니?

Ryon

Nothing.

뭐 별거 없는데?

June  **25th**

I'm sorry.
I'm tied up.

미안하지만 나 너무 바빠.

 오빠가 부탁이 있다며 뭔가를 들고 왔어요. 친구 생일 파티에 들고 갈 선물을 포장해달래요. 오빠는 선물 포장을 정말 못 하거든요. 하지만 순순히 해줄 제가 아니죠. "미안하지만 나 지금 너무 바쁘거든?"

오늘의 단어 • **tied up** 너무 바빠서 꼼짝 못 하는

오늘의 응용 표현 **I'm all tied up.**
눈코 뜰 새 없이 바빠.

July  **7th**

 오늘은 그동안 배운 문장을 가족과 함께 복습해볼게요.

* **It's stuck in my head.** 잊히지 않아.
  Their **head** office is in New York. 그들의 본사는 뉴욕에 있다.

---

* **I can't say for sure.** 확실하진 않아요.
  Say what? 뭐라고?

---

* **I don't care.** 상관없어요.
  I **care** a lot about you. 난 널 아주 좋아해.

---

* **Let's split the bill.** 각자 계산하자.
  The **bill** please. 계산서 주세요.

---

* **What has kept you so busy?**
  뭐 하느라 그렇게 바빴던 거야?

  I have been **busy** reading comic books.
  만화책 읽느라 너무 바빴어요.

June  26th

I will drink to that.
동감입니다.

 오빠가 엄마에게 반항을 시작했어요. 왜 우리 집은 주말에 자유롭게 유튜브를 볼 수 없는지 이유를 설명해달라고 따졌죠. 오빠가 오늘따라 멋져 보이네요. 사랑스럽기도 하고요. 저도 오빠의 말에 동감이거든요.

오늘의 단어
- **that** [대명사] 그것, 저것, 그(저) 일, 그(저) 사람

오늘의 응용 표현
With that said.
그렇기는 하지만.

July   **6**   **6th**

What has kept you so busy?

뭐 하느라 그렇게 바빴던 거야?

요즘 라이언이 너무 바빠 보여요. 제 자리에 놀러 오지도 않고, 점심시간에는 어디로 사라져서 보이지도 않아요. 같이 놀고 싶은데 말이죠. 집에 오는 길에 라이언을 만나 물어봤어요. "너, 요즘 뭐 하느라 그렇게 바쁘니?"

오늘의 단어

- **busy** [형용사] (할 일이 많아) 바쁜

오늘의 응용 표현

I have been busy reading comic books.
만화책 읽느라 너무 바빠요.

June ## 27 27th

I have no time.
시간이 없어요.

제니한테 주말에 영화 보러 갈 수 있는지 물어봤어요. 엄청나게 재미있는 애니메이션이 개봉했다는 소식을 들었거든요. 제니는 안타까운 표정으로 이번 주말에는 시간이 없다고 하네요. 가족 모두가 할머니 생신 파티에 가기로 했대요. 아아, 너무 보고 싶은 영화인데 혼자라도 봐야 할까요.

 오늘의 단어
- **time** [명사] (시계상으로 나타나는) 시간

 오늘의 응용 표현

There's a time to work and a time to play.
일할 때가 있고 놀 때가 있는 법이다.

July      **5th**

Let's split the bill.
각자 계산하자.

오빠랑 편의점에 갔어요. 아이스크림을 사 먹기로 했거든요. 오빠가 사줄 거라 기대했는데, 오빠는 당연하다는 듯 "너, 엄마한테 받은 돈 있지? 각자 계산하자"라고 말하고 휙 나가버렸어요. 이런, 냉정한 사람!

오늘의 단어
- **split** [동사] (작은 부분들로) 나뉘다(나누다)
- **bill** [명사] 식당의 계산서

오늘의 응용 표현

The bill please.
계산서 주세요.

June **28** **28th**

I swear to God, I don't like you!

맹세컨대 나 너 안 좋아해!

어제는 종일 라이언이 저를 놀렸어요. 제가 자기를 좋아한다나 뭐라나 하면서 말이죠. 기가 막히더라고요. 내가 어딜 봐서 널 좋아하니? 맹세컨대 나 너 안 좋아해!

오늘의 단어
- **swear** [동사] (자기 말이 진실임을) 맹세하다

오늘의 응용 표현

I swear (that) I'll never leave you.
결코 당신을 떠나지 않겠다고 맹세해요.

July  **4th**

I don't care.

상관없어요.

아빠가 주말에 뭐 하고 싶으냐고 물어보셨어요. 뭘 먹고 싶은지, 어디로 놀러 가고 싶은지 말이죠. 저는 다 상관없어요. 아빠와 둘이 하는 데이트는 어디서 뭘 하든, 뭘 먹든 다 즐겁거든요. 단, 오빠만 없으면 돼요.

오늘의 단어
- **care** [동사] 상관하다, 관심을 가지다

오늘의 응용 표현

I care a lot about you.
난 널 아주 좋아해.

June **29** 29th

I taught myself today.

오늘은 저 혼자 공부했어요.

당분간 영어 학원을 쉬기로 했어요. 혼자도 할 수 있을 것 같아서 그렇게 해보기로 했어요. 오늘은 혼자 공부하기로 한 첫날이에요. 선생님도 엄마도 없이 혼자 앉아서 공부했어요. 영어책도 읽고, 영어 단어도 외웠죠. 수고했어, 나 자신. 쓰담 쓰담.

오늘의 단어
- **taught** [동사] teach(가르치다)의 과거, 과거분사

오늘의 응용 표현

My uncle taught me to juggle.
우리 삼촌이 내게 저글링 하는 것을 가르쳐주셨다.

July   **3**   **3rd**

I can't say for sure.
확실하진 않아요.

엄마가 학원 숙제 다 했냐고 물어보실 때마다 슬쩍 피하기 위해 쓰는 대답이 있어요. "응, 거의 다 하긴 했는데 확실하진 않아요." 이렇게 말하면 적어도 바로 혼나지는 않거든요.

오늘의 단어
- **say** [동사] 말하다, …라고 (말)하다
- **sure** [형용사] 확신하는

오늘의 응용 표현

Say what?
뭐라고?

June  30th

 오늘은 그동안 배운 문장을 가족과 함께 복습해볼게요.

* **I'm sorry. I'm tied up.** 미안하지만 나 너무 바빠.
  I'm all **tied up**. 눈코 뜰 새 없이 바빠.

---

* **I will drink to that.** 동감입니다.
  With **that** said. 그렇기는 하지만.

---

* **I have no time.** 시간이 없어요.
  There's a **time** to work and a time to play.
  일할 때가 있고 놀 때가 있는 법이다.

---

* **I swear to God, I don't like you!**
  맹세컨대 나 너 안 좋아해!
  I **swear** (that) I'll never leave you.
  결코 당신을 떠나지 않겠다고 맹세해요.

---

* **I taught myself today.** 오늘은 저 혼자 공부했어요.
  My uncle **taught** me to juggle.
  우리 삼촌이 내게 저글링 하는 것을 가르쳐주셨다.

July      2nd

It's stuck in my head.

잊히지 않아.

오늘은 학교를 마치고 라이언이랑 같이 집에 왔어요. 우연인 줄 알았죠. 집이 비슷한 동네니까요. 그런데 우연이 아니었나 봐요. 집 근처에 와서 헤어지려는데 라이언이 편지를 건넸거든요. 열어서 읽어보니… 세상에! 편지 내용은 비밀이에요. 평생 잊지 못할 것 같아요.

오늘의 단어
- **head** [명사] (사고력·판단력을 의미하는) 머리, 뇌리
- **stuck** [형용사] 움직일 수 없는, 갇힌, 막힌

오늘의 응용 표현

Their head office is in New York.
그들의 본사는 뉴욕에 있다.

7 July

July  1st

 그동안 배웠던 문장 중 하나를 골라 가볍게 대화해볼까요?
(꼭 아래 문장이 아니어도 좋습니다.)

Sally

I taught myself today.

오늘은 저 혼자 공부했어요.

Mom

Are you serious?

정말이야?